円谷(つぶらや)英二(えいじ)

田口成光・文

怪獣(かいじゅう)やヒーローを生んだ映画監督(えいがかんとく)

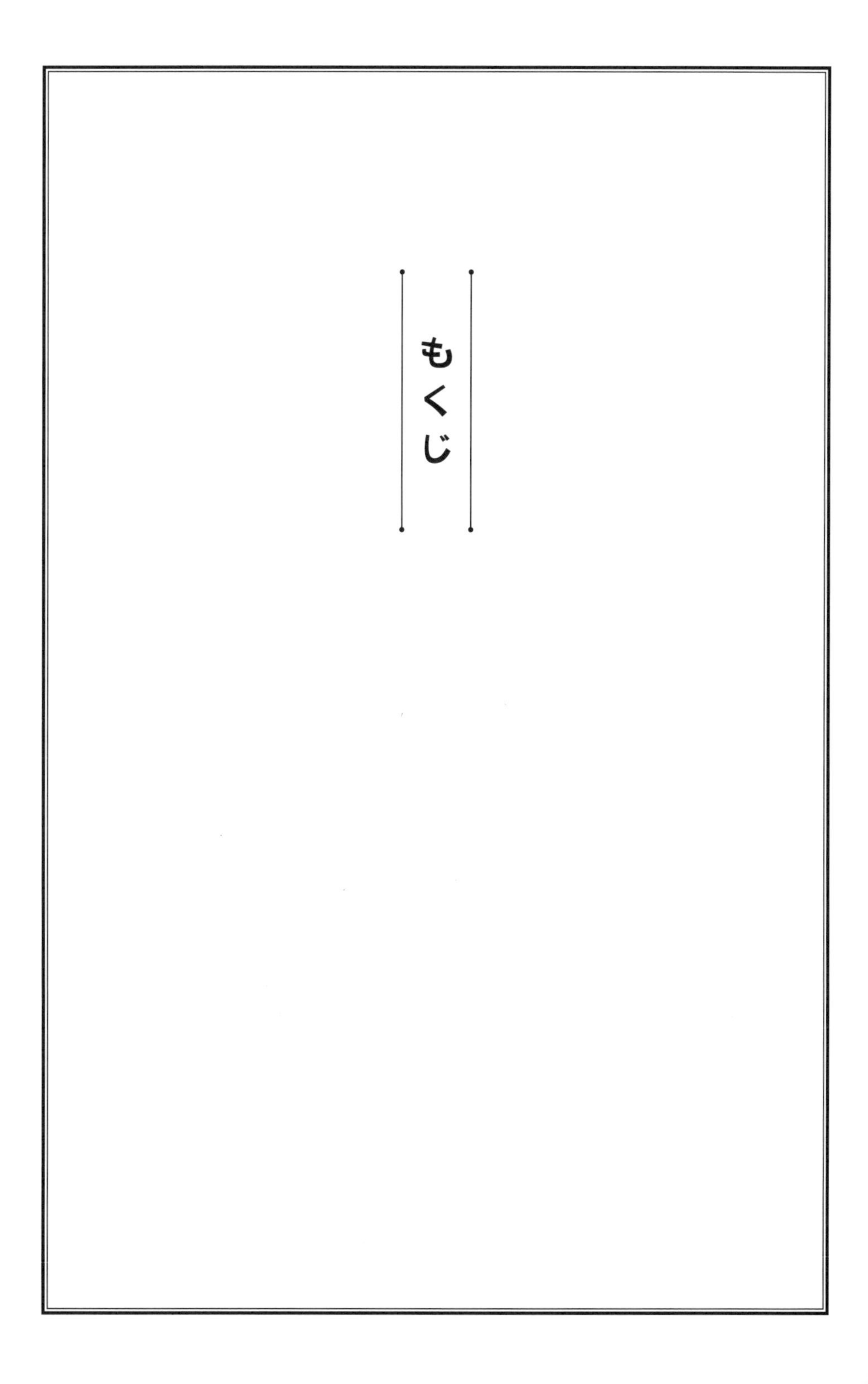

もくじ

はじめに

みなさんは「ゴジラ」や「ウルトラマン」を知っていますか？

もちろんですね。二つとも現在も誰もが知っている世界的な人気キャラクターですね。

これからぼくがお話しするのは、そんなキャラクターを生み出した「特撮の神様」と呼ばれる円谷英二監督の物語です。


みなさんには夢がありますか？

円谷監督は子どものころからいつも夢を追いかけていました。最初の夢は家の近くを走っていた蒸気機関車の運転手になることでした。毎日、機関車の絵を描いていたそうです。次の夢は小学生のころに初めて日本で飛び始めた飛行機のパイロットになることでした。英二少年は新聞にのった写真を参考にして手作りの模型飛行機を作り上げ、ついには地元の新聞に取り上げられるほど夢中になったほどでした。

やがて大人になった英二は、映画の世界にあこがれてカメラマンになりましたが、実際にはあり得ない画面を考え出して人々を「あっ！」と言わせる工夫や仕掛けを考える事が大好きでした。

なかでも飛行機を飛ばしたり、ミニチュアの世界を映像にすることが得意でしたが、これも子どものころからの夢の続きでした。

ですからこそ、あの巨大な怪獣やヒーローを生み出すことが出来たのだと思います。

みなさんもいま興味を持っていることや夢が、将来役立つかもしれません。たくさん、たくさん夢をもってくださいね。

一　ひとりぼっち

汽車はいま少年の目の前を走りぬけようとしていた。少年の瞳は大きく見開かれ、その手は線路の柵を力強くにぎりしめています。

「よーし、ぼくは絶対に機関車の運転手になるんだ。」

少年は家に走って帰ると、この間お土産にもらったばかりのスケッチブックをもどかしく広げて機関車を描き始めた。

早く描かないとせっかく目に焼き付けてきた汽車の姿を忘れてしまう！　少年は毎日まいにち汽車を見に出かけてはその絵を描き続けていました。

そして、その機関車の出来ばえは周りの大人たちをおどろかせるほど正確で緻密でした。

この少年こそ、のちに「ゴジラ」や「ウルトラマン」を生み出した円谷英二監督なのでした。

一九〇一（明治三十四）年。福島県須賀川の江戸時代から続く*麹屋に生まれた男の子は英一と名付けられました。円谷家に生まれた初孫は家族のみんなに可愛がられ宝物のように大切に育てられていました。

当時の円谷家には商売を取り仕切っていた祖母のナツ、長女で英一の母セイ、次女のツル、三女のヨシ、そして年のはなれた一郎がいました。そこでセイにお婿さんの勇をむかえたのでした。

英一が三歳になったとき、母親のセイから可愛らしい男の子が誕生しました。祖母のナツをはじめ家族中が大喜び。

ところが、まだ名前もつけない間に英一の弟は亡くなり、あろうこと

*麹　酒や味噌・醤油などをつくるときに必要な材料

か母親のセイも赤ん坊の後を追うようにしてあの世に旅立ってしまったのです。

そしてまもなくお婿さんの勇も、円谷家を去ることになったのでした。

こうしてまだ三歳の英一は両親を失い、せっかく生まれてきたばかりの弟まで失ってしまったのでした。

ひとりぼっちの英一。こんな悲しいことはありません。


でも、英一はスクスク育っていきました。

祖母のナツが可愛がってくれるだけでなく、五歳年上のおじさんにあたる一郎が本当の兄さんのように接してくれたのでした。どこへ行くのもいっしょ、何をするのもいっしょ、生涯英一の事を一番理解してくれたのは一郎でした。英一もまた一番気を許せたのが一郎でした。

一九〇八（明治四十一）年。須賀川町立尋常小学校入学。着かざった祖母のナツが母親代わりになって付きそってくれました。そうでした。英一は一郎と同じようにナツのことを「おっかさん」と呼んでいたのでした。

あるとき、そんな英一にナツの親戚の人が東京土産を届けてくれました。その中に子ども向けの絵本が三冊入っていました。その一冊に「乗り物絵本」がありました。

汽車、電車、自動車、帆船、蒸気船、軍艦、軽気球、そして最後の見開きに飛行機が描かれていました。

「こ、これが飛行機‼」

突然、英一の体が熱くなってきました。なんだか飛行機の絵を見ていると本当に自分が空を飛んでいるような気分になってくるではありませんか。

さっきまでは確かに機関手になりたいと思っていたのですが、ちがう！　自分は飛行機を操縦するのが夢だったんだ、と思うようになってきたのでした。

飛行機といっても、英一が生まれたわずか数年後にアメリカでライト兄弟によって初めて空を飛んだばかりのものでした。

その日から英一は、毎日飛行機の絵を描き続けるようになりました。英一少年は無口ではにかみ屋のために、友だちがあまりいませんでした。だから夢中になる物が欲しかったのかもしれません。

そんな彼を見かねて一郎がナツに言いました。

「おっかさん、裏の土蔵に英一の城を作ってやろうよ。英一だけが自由になれる城だよ。俺が手伝ってやるからさぁ。」

こうして土蔵の二階に英一だけの城が出来たのでした。この部屋には一郎がランプをつけてくれ、持ちこんだ箱の中には英一が集めていた宝物のガラクタがビッシリつまっていました。そこで英一は模型を作り始

詩選
吟味

めたのでした。
当時の飛行機はみんな複葉機といって翼が二枚あり、その間にはさまれた機体にエンジンと操縦席がありました。英一は何度も失敗や工夫をしながら飛行機を作り続けました。その材料は提灯屋さんからもらってきた竹ひご、自転車屋さんからのタイヤのチューブ、ナツからもらった障子紙やパラフィン紙など身近な物ばかりでした。

三年生になったある日、須賀川の町に巡回映画がやってきました。朝から音楽隊が町中を行進して映画の宣伝をしていきます。町中の人たちの心をワクワクさせるものでした。

映画――。

それは一八九六（明治二十九）年、アメリカのトマス・エジソンによるヴァイタスコープと時を同じくして、フランスのリュミエール兄弟によって発明されたシネマトグラフが始まりです。これは英一が生まれるわずか五年前のことでした。

その映画が手回しのカメラので撮影され、手回し映写機で上映されるまでに改造されていました。そしてわずか数分のフィルムをつなぎ合わせたフィルムを、全国各地を巡回しながら神社の境内などで見せ歩いていました。もちろんフィルムからはまだ音が出ない時代です。弁士という係が場面の内容を追いながら観客に説明していたのです。上映は一日五回程度、入場料は大人三十銭、中人二十銭、小人十銭でした。

その日英一たちが見た映画は、当時の中国大陸での戦争の記録映画と桜島の噴火、最後が代々木練兵場での日本初の公式飛行記録でした。一郎は桜島の噴火が気に入ったようでしたが、いつもは無口の英一がめずらしく顔を真っ赤にさせて、

「あの徳川大尉と日野大尉は去年の十二月に飛んだばかりなんだ。すご

いなぁ。俺はやっぱり飛行機乗りになるぞぅ！」

とさけび声を上げたのでした。これには居合わせた家族たちも、英一の激しい感動におどろいたのでした。

ところが英一は、飛行機にだけではなく、映画の仕組みにも興味をそそられていました。

「どうしたら映画は動いて見えるのだろう？」

英一は子ども用の幻灯機を改造して、フィルムの代わりに手紙を書く巻紙を長く切りさき、一コマ一コマ絵を描いて『マッチ棒の体操』というアニメーションを作り上げて得意がったりしました。

それでも、英一の興味は飛行機です。日本の民間飛行機第一号「グノーム号」の新聞写真を参考にして模型作りに取り組んだのでした。土蔵の二階で寝食を忘れて十日間作っている英一を心配して食事を運ぶ一郎は、できあがっていく飛行機を見るたびに目を見張りました。ついに完成したときの飛行機は、とても十一歳の少年が一人で完成させたとは思えない物だったのです。

英一の「グノーム号」は、自宅のすぐ裏手にあるお寺の境内で飛ばしてみると、よく飛びました。これが町内の評判を呼んで、ついに地元の新聞社「福島民友」が取材に来たのです。

この時、母親代わりのナツは、近所の人々の感嘆の声とはうらはらに英一のがんこなまでの情熱のゆくすえを心配したのでした。

一九〇八（明治四十一）年、須賀川町立第一尋常小学校・高等科に入学。このころ、英一の楽しみは毎月二十日に届く愛読誌「飛行界」でした。そして二年後に高等科を卒業したとき、この「飛行界」五月号にアメリカのパイロット、アート・スミスが東京・青山外苑で行ったアクロバット飛行の記事がのっていたのです。

英一の胸は高鳴り、居ても立ってもいられず、一郎に気持ちを打ち明け、

「一郎兄さん、俺はもうどうしても飛行機乗りになりたい！」

と瞳をうるおすのでした。

この英一の気持ちを案じた一郎は、ナツに伝えました。ナツは来るものが来たと思いながら
「何を言うか、飛行機乗りなんかになったら必ず墜落して死ぬに決まっておるわ！」

「でもな、おっかさん、このまま放っておいたら英一は家出してしまうかもしれん。」

一方、そのときすでに英一は「飛行界」を出している出版社の責任者であり日本飛行学校の相羽有に、手紙で気持ちを伝えていました。

さあ円谷家は大さわぎになり、英一の将来をめぐって親族会議にまで発展してしまいました。しかし会議では結論は出ず、ナツがうらない師

の八卦見に見てもらうと、「工業で成功する」と言われたのです。そこで英一に「飛行機に乗る前に、飛行機を作る事を覚えることが先だ」と言いふくめました。

英一が働くことになった「月島機械製作所」は、東京の月島にありました。

しかしそこは飛行機とは全く無縁のただの工場でした。がっかりした英一は、一郎に手紙を出して気持ちを伝えました。その手紙には日本飛行学校の相羽有から届いた第二期生の入学案内状が同封されていました。

こうして英一の命のさけびともいうべき強い強い情熱は、ナツの心をゆるがし、日本飛行学校への入学を許すこととなったのでした。

飛行学校への入学金は半年分前払いで六百円でした。このお金で当時は一戸建ての家が二軒出来たといわれています。

飛行学校

一九一六（大正五）年、日本最初の民営飛行学校「日本飛行学校」を初めて訪ねた日のこと。

まだ十五歳の英一は、ドキドキしながらマッチ箱のような京浜電車で蒲田から終点穴守稲荷駅に向かっていました。

着替えなどを包んだ風呂敷包みを手にした英一は、紺絣の着物、黒の兵児帯、紺染めの足袋という姿でした。

いくつか無人駅を経由して到着すると、そこは真っ赤な鳥居が数百もならぶ終点の穴守稲荷駅でした。ようやく探し当てた「日本飛行学校」の看板は、なんと一軒の旅館の玄関にかかっていました。

「こ、ここが学校！」

愛読書の月刊誌「飛行界」の生徒募集の広告から思いうかべた、六百円もの高い学費を支払った学校は、英一の想像とはまるでちがったものでした。

おまけに現れたメガネの若者は、いきなり言いました。

「相羽有です。みんなはぼくのことを校長と呼んでますがね。」

いやいやどう見てもまだ二十歳を過ぎたばかりにしか見えません。

相羽は、さっそうと三つぞろいのスーツを着こなしていました。

「あ、あなたが相羽さん！」

なんと英一が愛読していた「飛行界」の記者の相羽でした。そこへもう一人飛行服を着た青年が姿を現しました。彼こそが英一と「飛行界」の記事で知り合い、「飛行学校」に英一を推薦してくれた玉井清太郎でした。彼はまた、この学校の操縦を担当する教師でもありました。

あとで分かったことですが、「飛行学校」は主に相羽がお金を出して、玉井が「玉井式2号機」と呼ばれる飛行機を提供することで、創ることができた学校なのでした。

相羽が校長と呼ばれるには理由がありました。彼がいまの英一と同じ年齢のころ、ライト兄弟の飛行に感動してすっかりパイロットに夢中になってしまったのでした。ところが、彼は近眼のためにパイロットをあきらめざるを得ませんでした。そこで彼は自分の手で日本の航空界に人材を育てたいと思うようになり、親の遺産のお金を提供して学校を創るため走り回ったのでした。

「日本飛行学校」の授業料は高価でしたが貧乏な学校でした。滑走路と格納庫には六郷川（多摩川の河口）の向こう岸に渡し船でわたらなければ行けませんでした。しかも滑走路と言っても、それは海の潮が引いたときだけに姿をあらわす干潟なのでした。ですから潮が満ちてくると、飛行機は離陸することも着陸することも出来ません。そんな時は教室で操縦術や飛行術などの授業を受けるのでした。

生徒の数も、一期生が六名、英一たち二期生が五名というささやかな人数でしたが、飛行機は玉井が自動車のエンジンを転用して作った手作りの「玉井式2号機」があるだけでした。

交代で練習するのですが、一人十分ぐらいしか操縦桿をにぎっていられませんでした。

そこで学校では「玉井式3号機」を製作することになりました。3号機は主な骨組みをそのころの最新技術である溶接を用い、エンジンも2号機の倍の出力の大きさに変えることにしました。完成までに三か月ほどかかる予定です。

飛行訓練は条件がそろわないと出来ませんでした。

まず、お天気が良いこと。風もふいていないとき。何より潮が引いて滑走路が使用可能なときでなければなりません。

しかしこの他に、もう一つ条件がありました。それはエンジンがかからなければ動かないということです。動かないので、みんな初心者である生徒たちは、しばらくの間は空を飛ぶのではなく、飛行機で地上を走るだけが訓練でした。

飛行訓練の条件がそろいそうな日は、みんなそろって寄宿舎から渡し船に乗って格納庫に向かうのです。そのとき各人がガソリンを入れた一升瓶をかかえて行きます。そのころはまだポリタンクや給油車などという便利な物はありませんでした。生徒たちは学校の備品である飛行服と帽子、それにオートバイ用のメガネを身につけていきます。

みなさんは当時のパイロットがどうしてメガネをかけているのか分かりますか？　それは風よけではなく、エンジンのシリンダー*から飛んで

*シリンダー　円筒形のもので、中をピストンが往復運動をする。

くるオイルを避けるためなのです。

みんなで力を合わせで格納庫から潮の引いた干潟に飛行機を出すと、順番に飛行機に乗ることになります。前の席に生徒が、後ろの席に玉井教官が乗りこみます。*昇降舵と*水平尾翼を確認すると生徒がさけびます。

「ラダー、エルロン共に異常な～し！」

次に
「コンタック！」

とさけぶと、生徒がプロペラを手動で力いっぱいに回します。そのとき勢い良く機体が飛び出さないように、両翼を地面にいる数人の生徒がおさえます。ゆっくりエンジンレバーを引くと、機体が前進し始めます。そして両翼をおさえていた生徒が手をはなすと、滑走を始めるという、くり返しばかりでした。

やがて、生徒たちが干潟を飛行機で真っ直ぐに走れるようになり、ほ

*昇降舵　航空機の機首を上げ下げさせるための舵。
*水平尾翼　航空機の胴体後部に、ほぼ水平に取り付けられ、縦の安定をたもつ翼。

NIPPON
FLYING
SCHOOL

んの少しずつだけジャンプをくりかえすことが出来るようになると、ようやく直線低空飛行に移ります。

当時の飛行機はエンジン出力が少ないため、一気に飛び上がることが出来ませんでした。

「空気の階段を一段ずつ上れ。」

これは一九一〇（明治四十三）年、日本最初の公式飛行をした徳川大尉が残した言葉です。

英一は、この言葉をかみしめながら初めて空へ羽ばたいたときのことを生涯忘れることはありませんでした。

こんな気まぐれ飛行機と、意地悪な潮の満ち引きの飛行訓練でしたが生徒たちはみんな明日のパイロットを夢見て、油まみれになってがんばりました。

このころ、外国人パイロットの日本での活躍がめざましくなり、日本の各地でお金をとって見せるアクロバット飛行や女流パイロット、あるいは危険だといわれていた夜間飛行などが新聞をにぎわせていました。また飛行機は飛行場の近くしか飛べないと言われ、東京湾岸の飛行場から都心を飛行するだけでニュースになる時代でした。そうでなくても貧乏な日本飛行学校は、相羽校長のアイデアで飛行機の授業の教科書を発売したり、「飛行界」に記事を出したりして、生徒を増やす宣伝に努力していました。

そんな中でみんなの願いでもあった玉井式3号機が完成しました。商売熱心な相羽は、このチャンスを逃さずに、いままで誰も考えつかなかった計画を立てました。3号機で芝浦から飛び、東京上空を旋回しながら生徒募集のビラをまくというものでした。

一九一七（大正六）年五月二十日。

英一は「きっと、今日は学校にとっても、自分にとっても、記念すべき良き日になるであろう」と予感がしたのでした。

いよいよ飛行の時間がせまって来ました。一回目の飛行は午前七時、玉井式3号機は、一期生の一人を乗せて離陸します。

当日の東京の空は快晴。

玉井は「飛んで飛んで飛びまくるぞ！」と張り切っていました。

二回目も、二十分の飛行を終了して、芝浦へもどりました。

英一たちは一斉に3号機の整備に入ります。当時の飛行機は機体の強度を保つため針金がはりめぐらされていましたが、一度の飛行で、針金がゆるんで翼などがグニャグニャになったそうです。この針金をピンとなるようにしめ直すのも整備の一つでした。

三回目の飛行を目前に、ある出来事が起きます。

今度も一回生の一人が玉井教官と飛び立つ予定でしたが、新聞の取材が入り、カメラマンが乗ることになったのです。もともと乗ることになっていた一回生は泣く泣く順番をゆずりました。相羽は生徒に「必ずや明日の朝刊の大きな記事になることだから。」と言いふくめたのでした。

その三回目の飛行で、新聞のカメラマンは身を乗り出すようにして写真を撮りまくっていました。

英一が、なんと度胸のあるカメラマンだろうと感心して見上げていると、突然、悲劇は起きた！

3号機の左上翼がハラリとめくれ上がったのです。

次の瞬間、3号機は大きく旋回しながら降下して、とうとう五十メートルほど先からは垂直に墜落してしまいました。

こうして英一の夢は、はかなく終わってしまったのでした。

三 映画との出会い

三歳で両親を失った英一は、そのことが原因で無口ではにかみ屋だったようですが、物言わぬ英一の心の内は、いつもしぶとく熱く燃えていました。幼児のころ、機関手になりたいと願っていたときも、飛行学校へ行きたいと思ったときも、決してあきらめるということをしませんでした。

けれど、そんなかたくなな英一の心の内を深く読み解いてくれている人間が一人だけいます。それは英一が実の兄のようにしたっていた一郎でした。親戚も家族も周囲のすべての人たちが反対する中で、ただ一人飛行学校への入学を後おししてくれたのも一郎です。

「おっかあ、このまま放っておくと、英一は家出してしまうかもしれんぞ。」

結局、一郎のこの一言で、祖母のナツは六百円もの大金を出してくれることになったのでした。

ところが、やっとかなえられた英一のパイロットへの夢は、無残にも目の前で消え失せてしまったのでした。

英一の悲しみとショックはいかばかりだったでしょうか？

結局、「日本飛行学校」は、たった一人の教官と飛行機を失い、学校を続けて行くことができなくなってしまいました。

突然、生きていく目標を失った英一は、しばらくの間これから何をして良いのか放心状態でした。

失意の日々を送っていた英一は、ふと三歳の時に生き別れた父親の事を思い起こします。

「そういえば、お父さんが東京にいると聞いたことがある！　そうだ、お父さんに会いに行こう！　会って、どうしたら良いか意見を聞いてみたい！」

そう思い立つと、居ても立ってもいられなくなり、あちこちの親戚に手がかりを求めました。けれど、この事が祖母や一郎に知られるやいなや「会ってはならない！」と強くいましめられたのでした。

不思議なもので会ってはならないと言われるほど、もっと会ってみたくなってくるのでした。ついに英一は自分の手で、父親が小石川の布団工場を経営している事をつきとめてしまいます。

翌日、英一は、はやる心をおさえながら工場を訪ねたのでした。

「白石製綿工場」

ところが、現れた父親には

「いまごろ何しに来たのだ！　わしはお前など知らんぞ。早く帰れ！」と、けんもほろろに追い返されてしまったのでした。

あこがれの飛行学校を失い傷つき、せめてなぐさめてもらえるかと期待していた彼の心は、重ねて傷つけられ、大変なショックを受けてしまいます。


その年、家族のすすめで「東京工科大学（現在の東京電気大学）に入学した英一は、ある日、親戚にあたる人がやっている神田の出版社を訪ねました。そこで動かなくなった蓄音機を見事修理してみせました。

喜んだおじさんは、英一の器用さをほめて、知り合いの輸出玩具メーカー最大手「内海玩具製作所」を紹介します。

英一は、学費かせぎが目的のつもりで、働くことにしました。

「内海玩具製作所」で英一の才能はメキメキ発揮されました。働き始めて一週間もしないうちに、本当に通話の出来る電話を作り上げてしまいました。あの故郷須賀川の蔵の二階で、映写機や飛行機の模型を作り上げていたころがなつかしく思い出されました。

　一九一九年（大正八年）春。東京は桜の花が満開でした。

　その日、上機嫌の社長に突然呼び出された英一は、なんと五百円ものボーナスを手わたされたのでした。少し前に彼が発明したキック式のスクーターが大評判で、その*パテント料だというのです。すっかり自分も上機嫌になった英一は、いつもお世話になっている製作所の先輩たちをさそって、桜の名所である飛鳥山で花見をすることにしました。

　その飛鳥山の大きな料理屋の座敷で大盛り上がりの真っ最中でした。となりの部屋で同じように大盛り上がりしていたグループの一人が酔っぱらってふすまをけやぶり、転がりこんできてしまいました。

*パテント料　発明・特許・アイデアなどを使用するときに発生する料金。

さあ大変、おたがいお酒が入って酔っぱらった同士です。いきなり組んずほぐれつの取っ組み合いが始まってしまいました。

英一は声を限りにさけびました。

「やめてくださ〜い！　みなさん、やめてください！」

英一は争いの中へ飛びこんで乱闘を止めようとしていました。すると同じように相手側のグループからも
「コラ〜、やめんかぁ！　いい加減にせい！　カット、カアット！」

と割りこんで来た人物がいました。

その人物の、けたたましい大声と気迫に、みんな思わず動きを静止してしまいました。

これが、のちの特撮映画の神様と呼ばれるようになった円谷英二が、映画界に入るきっかけになった嘘のような本当の出来事でした。

この時「カット、カアット！」とさけんだ紳士こそ、その後の英一が

師とあおぐ事になった人物でした。

さわぎがおさまり、あらためて年配の紳士からわたされた名刺には「天然色活動映画株式会社　技師長　枝正義郎」と記されていました。

枝正は、自分より年上の仲間たちの間に入って争いをおさめた、イガグリ頭の若者に興味をおぼえたのでした。

仲直りのお酒を飲むほどに打ち解けると、英一が玩具の発明でパテント料をもらったこと、そのお金で先輩たちを花見にさそったこと、おまけに「日本飛行学校」でパイロットの勉強までしていた事まで、おしゃべりな先輩の口から話されてしまいました。

これには枝正もすっかりおどろいて、ますます英一への興味を増すばかりでした。

映画は一八九六年に発明されていましたが、この新しい技術は、またたく間に世界中に広がって、日本でも製作が始められていました。

しかし内容的にも技術的にも、まだ見世物に近いものでした。このころの日本の映画は、枝正のような技師が、撮影も現像も、しばしば演出や脚本まで手がけていました。

そんな時代でしたから、枝正は英一のような若い感性に興味をいだき、アイデアマンでもある若者を求めていたのでした。

「ところで、まだ君の名前を聞いていなかったね？」

英一は答えました。

「ツブラヤエイイチです。」

しかし枝正の耳には、福島なまりの英一の名前は「エイイチ」とは聞こえませんでした。

「そうかエイジくんか。」

以来、映画界の人たちからは「英二」と呼ばれるようになったとも言われています。

　そのころ、英一は「日本工科学校」へ通いながら「内海玩具製作所」にも通っていましたが、枝正は毎日のように映画界への勧誘に訪れてきました。

　ある日、ついに枝正の熱意におし切られて、ほんの少しだけのつもりで撮影所を見学に出かけました。

　そこで英一の目はかがやきます。視線の先にあったのはムービー・キャメラでした。ウィリアムソンとかプレストウィッチだとか聞き慣れない名前のキャメラでした。小学生のころに作ったオモチャの映写機とはちがう、本物のキャメラでした。

「うわーっすごい！　もっと早く来ればよかった。」

　英一は思わずさけばずにはいられませんでした。

撮影所（さつえいじょ）は、英一にとっては、まさしく天国のような場所に感じられたのでした。

四 夢の世界で

ワクワクしながら枝正に撮影所を案内されていた英一が、現像所にやってきたときです。あいにく現像液を洗い流すための水をくみ上げるポンプが故障して、枝正の助手たちが右往左往していました。

見かねた英一は、

「ちょっとぼくに見せてください。」

と、またたく間にポンプを修理してしまいました。

これにはさすがの技師長であった枝正も舌を巻いて、あらためて英一に働くようにたのみこむのでした。

現像係という仕事は、一年中水をあつかう場所だけに、冬などは冷たくごえることも多く、みんなからはアヒルと呼ばれて、バカにされたりもしていました。

しかし、この現像という役目は、映画の出来上がりの善し悪しを決める、とても重要な役割をはたしているのです。

技師長である枝正は、撮影所では王様のような存在でした。王様にスカウトされた英一は、撮影所の中でも一目置かれていて、新人ながら重要な仕事を任されていました。

枝正はまた、英一を自宅にまで呼び寄せて、撮影や現像の技術やトリック撮影のノウハウまで教えこんだのでした。

一方で、田舎の祖母ナツはじめ家族や親戚は、飛行学校から今度は活動写真を目指し始めた英一のことを、あまり快く思ってはいませんでした。

英一もまた、このことを後ろめたく思っていて、そのころビタミン不足で脚気にかかって体調をくずしていましたが、田舎にはがまんして知らせようとはしませんでした。

このころ、アメリカでは『ベン・ハー』という歴史映画や、チャールズ・チャップリンを代表とする喜劇映画や、ブルーバードと呼ばれた心情をつづったハッピーエンド映画が人気でした。それに比べて我が国では相変わらずのチャンバラ映画ばかり。天然色活動映画株式会社（天活）には帰山教正という監督がいました。帰山は日本映画のレベルアップを目指して新しい映画を作ろうという運動を起こしていました。ちゃんとした脚本の使用、女性の役には女優の起用、クローズアップやロングショットの使い分けなど、今から考えれば当たり前のような事ばかりでした。しかし実際には、日本の他社では安い制作費でいいかげんな作り方の質の悪いものを、むやみやたらに作っていたのです。この運動には枝正も賛同し、当然のことながら英一も大きな影響を受けたのでした。

その結果、英一は枝正が脚本、監督、撮影をした野心作『哀の曲』で初めて映画製作の場にふれたのでした。

ある朝、英一がいつものように会社に行くと、何やら会社の様子がおかしいのです。みんなが会社がつぶれるとさわいでいます。

「会社がつぶれた？」

天活の役員が出てきて説明しました。

「みんな心配はしなくていい。君たちは全員、今日から国映（国際活映株式会社）に引き取ってもらうことになった。」

実は天活は、帰山や枝正たちの目指す新しい映画を製作していましたが、これらはイマイチ大衆には人気がなかったのでした。

というわけで天活は国映に吸収されてしまったのでした。そのまま仕事は続けていくことは出来ましたが、それまで国映で働いていたスタッフは、新しく入ってきた英一たちにつらく当たりました。

これに嫌気のさした英一は、故郷の一郎に将来を案じて手紙を出していました。その内容は、まだ飛行機にも未練があること、田舎に帰って発明家にもなりたいなど、かなり混乱したものでした。

そんな英一に対して一郎は、どんな仕事も腰をすえて立ち向かわなければ成功はしないといいましめました。手紙にはこんな文章もありました。

「ぼくと君とは叔父甥の間とはいえ兄弟同様、君も何事によらず打ち明けて相談をし（ぼくも）心を開いて相談にのりたいのです。」

「故郷に帰って実直に電気会社にでも勤めることは君のためには最善の考えではあるが、君の将来のためにはあまり感心しない事であるから国映によく勤めることをおすすめいたします。」

こうして一郎は、迷える英一をはげましてくれたのです。

やがて、英一が二十歳になり兵役がやってきました。

このころは、日本の男子全員が、故郷の近くの軍隊で二年間訓練をしなければなりませんでした。

英一は会津若松にあった会津若松歩兵連隊に入営しました。

軍隊での英一は、持ち前の機械好きが幸いし、分解や組み立てが得意で、射撃の腕もかなり優れていたそうですが、慣れない軍隊での生活には苦労したようでした。

二年の歳月が流れて、実家のある須賀川の駅に着いたときには、家族全員で出むかえてくれました。一日千秋の思いで家に帰る日を待っていた英一は胸を熱くするのでした。

「お努めご苦労様でした。」

と軍隊生活で真っ黒に日焼けした英一の手を、祖母のナツがにぎりしめます。英一は久しぶりにナツを見て、背も縮んでしまったように思えて

「おっかさん、年をとってしまったな。」

と、なんだか悲しくなってしまいました。

ナツは、やっと帰ってきた英一に大きな期待をよせていました。円谷家の商売である麹屋は、男手がいくつあっても足りません。このまま一郎に手を貸していっしょに家業を手伝って欲しいと思っていたのです。年をとって気も弱くなっていたナツは、英一の将来をうらないにたくしていました。すると、うらないでは、

「いま円谷家には一郎と英一という、長男の名前をもつ人間が二人おる。英一を英二にすれば、きっと開かれるであろう。」

とお告げが出たのでした。

撮影所でもしばしば、福島なまりで英一が「エイヂ」と聞こえてしまっていたことを考えれば、それでも良いかと英一は思うのでした。

そこで、「英一」は「英二」に改名しました。

東京での生活は、じつに色々なことの連続でした。飛行学校、玩具製

作会社での発明、そして時代の先端をいく映画製作。

それに比べて田舎の生活は、毎日単調なくり返しでした。一度夢を追いかけた英二には、たえ難いことでした。

しかし飛行家になるには大金が必要であるし、発明はいつまでも続くことではない。それに比べて映画界には多少の人脈がある。わずかな望みをかけて、英二は再び東京へ向かう決心をしたのでした。この時の決心が、英二の人生の中で最も重要な出来事になりました。

ある日突然、家出同然に汽車に飛び乗ってしまいます。それは、もう二度と帰れない、二度と帰らない、固い決意の旅立ちでした。

その日、あおぎ見る故郷の空は、悲しくなるほど高く青かった。

五 映画まっしぐら

故郷須賀川を飛び出して上野駅に着いた英二は、見わたす限りくずれ落ちた東京の町を目にして、とてつもない衝撃を受けました。

一九二三（大正十二）年九月一日に起きた関東大震災は、東京の文化文明を、ことごとく破壊しつくしてしまったのでした。

向島にあった日活も、蒲田にあった松竹も、大手の映画会社はこぞって京都へと活動の場を移していました。大手の会社でもそうですから、小さな映画会社の多くはつぶれていました。

そんななかで、英二は人づてに紹介された小笠原プロダクションに身を寄せたのでした。

小笠原プロダクションというのは、小笠原明峰と小笠原章二郎という兄弟がおこした映画研究所で、最初は自宅の庭にスクリーンを張り、外国映画を上映していましたが、それだけではあきたらずに、機材を購入して映画製作を始めたのです。

しかし、年に二、三本の製作では、英二は満足できず、京都の衣笠貞之助が率いる映画連盟に所属することになります。映画連盟は、松竹の支配下で制作を行っていました。

英二は、そこで杉山公平のカメラ助手となり、第二の映画人生をスタートさせました。英二は杉山のもとでメキメキ腕をみがき、力をつけていきました。

自分にはもう帰る場所がない。英二は自分にそう言い聞かせて必死に働きました。そのころのカメラにはまだモーターが付いておらず手回しのハンドルが付いていました。重いカメラを肩に担いで、京都の町のロケーションに走り回ったり、上役に怒鳴られながらフィルム交換をしたり、家出同然で出てきた英二は、歯を食いしばってたえ続けていました。

この時の映画連盟のボス衣笠は、日本の映画をレベルアップするために、すでに当時の人気小説家の横光利一、川端康成らと交遊し、新しい構想を練ったりしていました。

英二は、映画界にさそってくれた枝正義郎からは、映画の基礎と映画人としての姿勢をたたきこまれ、映画界に腰を落ち着けることになりました。そして衣笠貞之助からは、映像表現で社会的な問題を公表する方法や、常識をこえた意外性のある展開方法などを教えられたといえます。

一九二七（昭和二）年。ある日、英二にチャンスがめぐってきます。

当時、おりからの不景気と震災の影響で、さすがの松竹も閉鎖をしなければならないほど、せっぱつまっていました。そこで松竹の京都下鴨撮影所の所長は、ここで巻き返しを図ろうと関西歌舞伎のとびきり二枚目の女形の若者を選び出しました。彼の名前は林長二郎。のちの長谷川一夫です。彼を大々的に売り出してスターにしようと計画した映画です。

そのころすでに一流の脚本家であった犬塚稔が脚本を書き、初めて監督までをすることになりました。カメラマンをさがすことになった犬塚が、杉山に相談すると、杉山は迷わず英二を指名しました。英二にチャンスをくれたのです。

題名は『稚児の剣法』。

英二は、これまでつちかってきた自分の全てをつぎこんで撮影しました。この映画は、主役の林長二郎が一人二役で演ずるもので、画面上に二役があちこちに登場する映画でした。そこに英二の特撮の技が生かされたのです。

「特撮」とは、特殊撮影という言葉の略です。画面を合成したり、ミ

『稚児の剣法』犬塚稔 監督　円谷英二 撮影　(1927年)

ニチュアを使って撮影したりして、通常の撮影では表現できない場面を作り出していきます。英二は、のちに「特撮の神様」と呼ばれるようになるほど、この特撮という技術の研究にうちこみました。

松竹のえらい人たちは、主役も監督もカメラマンも新人ばかりのこの映画をとても不安に思いました。

ところが完成した時の試写室からは、大歓声がわき上がりました。映画は大ヒットです。こうして新人三人は世間に認められることとなったのです。

これが円谷英二のカメラマン第一作となりました。

この後、衣笠は映画連盟を解散しヨーロッパへわたります。映画連盟のスタッフは、松竹へ移籍することになりました。

移籍した英二は、相変わらず研究熱心でした。けれど、その研究熱心が、英二を苦しめたり、ぎゃくにほめられることにもなりました。

それまでの日本の映画は、主役である俳優の顔を明るく見せるのがふつうでした。ところが英二は、外国映画に見られる陰影のある画面の調子をねらって撮影していました。その方が表現に幅があり、芸術性に優れていると英二は考えていました。

しかし、結果的には会社からは歓迎されず、林長二郎のような人気俳優の映画からは外され、新進の俳優ばかりと組まされました。これには英二は大いに悩んで、お酒を飲むことが多くなったりしたそうです。

そのまた一方で、外で撮影をするロケーションのときのことです。当時は、ロケーションは明るい晴れの日にしかできませんでした。しかしそのロケーションは、長雨で撮影は大幅におくれていました。あまりに時間がかかってしまったため、上司が現場に現れ、中止を申しわたしました。しかし、この映画は、あとは一番肝心なラブシーンを波止場で撮影するだけでした。そこで英二がアイデアを出したのです。

しかし会社は、英二の案には半信半疑でした。

撮影所にもどったスタッフは、スタジオに入りました。するとそこにはライトに照らされたホリゾントと呼ばれる背景用の布があり、ホリゾントの前に置かれたガラスには雲がかかれていて、流れるように動かされています。カメラの前には波止場の装置がならべられ、さらにスモークがたかれて、ライトの前で竹箒をクルクル回すと、スモークがゆれて霧が流れているようになりました。こうして、月光に照らされた波止場ができあがりました。

こうして、まるで外で撮影したかのような夜の波止場のラブシーンが撮影され、封切りに間に合ったのでした。

以前から英二は、ロケーションと、セット撮影の場面のつながりが悪いことを気にかけていました。そのため、いろいろな場合を想定してスタジオのセットや撮影方法の研究していたのでした。

のちにこのような研究成果は、英二が心血を注いだ撮影法・スクリーン・プロセスへと発展してゆくのです。


一九二九（昭和四）年十一月。京都での撮影現場で、英二が大怪我をするという事件が起きました。それは英二が木製のクレーンに乗って移動しながら撮影しているときでした。この木製クレーンは、日本で最初の英二の手製によるものでした。英二は重いカメラをかかえこんだまま、折れ曲がったクレーンから落下しました。

肋骨骨折および頸部裂傷、ただちに京都府立病院へかつぎこまれ、一か月ほど入院することになりました。

京都の町、四条河原に「歌舞伎」という食事処がありました。この店は映画関係の客が多く、英二もまたそんな客の一人でした。この店で働いている荒木マサノという女性がいました。英二は初めてマサノの顔を見たとき「運命の人だ」と思ったそうです。

やがて何度も通ううち、すっかり顔なじみになりましたが、田舎育ちの自分には、京都のような都会の女の人は、ふつり合いだと信じこんでいました。しかしこのことを知った同僚の渡辺明が言いました。

「おい、円谷、マサノさんは京都の人間ではないぞ。」

「どうしてそんな事がわかるんだ？」

渡辺は福井県出身なので、彼女の福井なまりが分かるのだというのです。英二は、少し気が楽になりました。

そんなとき、英二が事故にあったのです。

マサノは、英二が店に来なくなったことが気がかりでした。すると渡辺が思いもよらぬ言葉を伝えたのです。

「あいつ、下宿で療養中なんだ。行ってやってくれないか。」

翌日から、マサノがかいがいしく英二の世話をする姿が見られるようになったそうです。英二は、そんなマサノの姿に、自分が三歳のとき、この世を去ってしまった母親の姿を重ねていました。

「おっかさんが生きていたら、きっとマサノさんのようだったにちがいない。」

そう思うと、いてもたってもいられませんでした。二人は翌年の二月に結婚しました。英二は二十九歳、マサノ十九歳でした。

二人は一軒家に引っこしましたが、いつも撮影所の助手や仲間が下宿していたそうです。これも英二の人柄なんでしょうね。

一九三一（昭和六）年四月二十二日には、長男の一が誕生しました。

キングコングの来襲

一九二七（昭和二）年。アメリカのワーナー・ブラザースは、それまでの無声映画とちがって、音と音楽がいっしょになったトーキー映画を完成させました。

それからわずか四年後、日本のトーキー映画第一号が東京の松竹蒲田撮影所で撮影されています。記念すべきその映画は『マダムと女房』。

そこで、同じ松竹の京都下鴨撮影所では、犬塚と英二が手ぐすね引いて待っていました。

「むこう（蒲田）が喜劇で来るなら、こっちは怪談で行こうじゃないか。」

こうしてできたのが『ゆうなぎ草子』。監督は犬塚稔。撮影は円谷英二です。

このような初めての経験でも、英二の工夫がありました。

当時の撮影用マイクは周囲のあらゆる音を拾い集めてしまうため、外でのロケーションには向いておらず、屋内のセットで撮影せざるを得ません。しかし屋内では、カメラのモーター音がうるさく耳ざわりです。

これに対して英二はカメラにスッポリどてらを着せ、さらにはガラス箱で完全におおってしまったのです。

このような撮影上の苦労が発想のもととなって、スクリーン・バックと呼ばれたスクリーン・プロセス（合成の技術）の完成にむすびついていくのです。とはいえ、当時のスクリーン・バックは、画面合成というよりも、雑音対策のため開発されたといっても良かったのでした。

トーキー撮影が始まってしばらくしたある日のこと、犬塚のもとを一人の男が訪ねてきました。

　のちの大映の社長となる永田雅一です。永田は
「日活に移籍してくれるなら、給料をいまの倍だそう。」

と言ってきました。そのころ、日活にはまだトーキーの映画を撮れるスタッフがいなかったのです。

　しかし犬塚は即座にこの申し出を断りました。そして松竹の上司にこの話を正直に伝えたのです。

　ところが上司は何をかんちがいしたのか、犬塚にこう言い放ちました。

「おい犬塚！　君は我われに給料を上げろと言ってるのか！　思い上がりもいい加減にしないか！」

　こう怒鳴られた犬塚は激怒しました。

「いいですとも、そんな卑劣な考えをする会社など、お断りだ！」

　こうして犬塚は、さっそく永田に会い

「自分が日活へ移籍するのには条件がある。」

と告げました。

条件とはカメラマンと助監督を二人、大道具を一人いっしょなら了解するというものでした。永田はこれを了解しました。


このとき、英二はなぜ犬塚といっしょに日活に移籍したのでしょうか。英二は松竹の社員になり、結婚してからも、スクリーン・バックの研究に打ちこんでいました。けれど会社は、英二の研究を認めようとはせず、お金をあまり出しませんでした。そこで英二は、自分の給料をつぎこんで研究していたため、お金が必要だったのでした。

さて給料が倍になった英二ですが、良いことばかりではありませんでした。英二たちをむかえた日活のスタッフたちはおもしろくありません。ひどいイジメが待ち受けていました。福島の裕福な商家に育った英二は面と向かって「いや」と言えない人の良さがありました。そんな英二の足下を見て、スタッフたちは自分たちから英二をさそっておきながら、支払いを英二におしつけたりしたこともありました。

一九三三年（昭和八年）八月の京都は暑い盛りでした。久しぶりの休みに英二は長男の一を肩車して、お腹に赤ん坊のいるマサノと歩いていました。あまりの暑さに一軒の甘味屋さんへ入ったときのことでした。席につくなり英二の目が見開かれ、壁のポスターに釘づけになりました。その視線の先に、キングコングのポスターがあったのです。

「ついに上陸!!　アメリカ映画超大作『キングコング』。この秋、日本各都市洋画系劇場にて公開！」

ポスターには巨大なゴリラがニューヨークのビルにつかまり、片手に美女をかかえたショッキングなイラストが描かれていました。英二はだいていた一を取り落としそうになるほどの衝撃を受けました。

英二は翌日九時になるのを待ちかねて、京都新聞の知り合いの記者に電話しました。配給会社はどこか？　試写はいつからか？　宣伝写真はあるのか？　どのくらいの規模で上映するのか？　興奮して矢つぎ早に問いかけるのでした。

それから試写の行われるまでの半月は、一日千秋の思いでした。まるで遠足を待ちわびる小学生のようです。指折りかぞえ、胸をおどらせる日々が過ぎました。

『キングコング』の試写が終わり、室内に明かりがついても、英二は、うで組みしたまま立ち上がりませんでした。

「俺が目指す映画はこれだ！」

そうつぶやく英二の胸の中を、炎がかけめぐりました。

いつの間にか英二はフィルムを手に入れ、一人、編集室の中でワンカッ

トずつループでのぞきこみながら、合成画面を分析していたのでした。

このように英二は、絶えず外国映画を研究していました。


この年、英二は都と名付けた女の子を授かりました。もう一人家族が増えた円谷家は、幸せに満ちあふれていました。

前年の一九三四年（昭和九年）暮れ、開発してきたスクリーン・プロセスの試写が日活のえらい人たちには不評であったうえに、英二の画面作りが暗すぎると酷評されてしまいます。

英二は、カメラマンとしてのプライドもあって、コンビを組んでいた犬塚の制止をもふり切って、日活に辞表をたたきつけてしまいました。

この事件は、すでに時代の花形であった映画の実力カメラマンの事件として、新聞の記事にもなったほどでした。

家族が増えて幸せになったかに見えた円谷家に、暗い影がしのび寄ったようでした。妻のマサノはとても不安でしたが、いらだつ英二を無言で支えたのでした。

しかし、神様は英二を見捨てることはありませんでした。英二の才能を認めていた人物がいました。大沢善夫です。撮影機材や外国映画の輸入、高級時計や自動車の輸入販売を手広くあつかっていた会社の御曹司でした。彼はまたアメリカの大学を卒業後、そのまま欧米の映画事情を研究し、海外の事情にとてもくわしい人物でした。

彼はこれからの時代は技術の時代だと感じていました。時代はトーキーだと。彼はいまある映画会社の資金力では支えきれないトーキー用のスタジオを京都の郊外に建設したのでした。

小笠原プロダクション、衣笠映画連盟、松竹、日活を、遠回りしながらわたり歩いてきた英二を、優遇してくれる人間に初めてめぐり会えたのでした。高度の撮影技術の研究開発をさせてくれるという約束でした。ただし給料は二五〇円から一五〇円に減ってしまいましたが、マサノはやっと英二が好きなことが出来る会社にめぐり会えたと喜んでくれました。

このころ、こんな事がありました。英二は給料が減った分を取りもどして家計の足しにしようと考えました。

ある日、犬塚が京都大丸デパートに買い物に出かけたときのことでした。

「はいはい、どうぞこちらへ。」

聞き覚えのある声にふり向くと、それは英二でした。

「何をしているのだ、こんなところで？」

なんと英二は、デパートの一角に、「三十分で写真が出来る」という装置を作っていたのでした。このころはまだ写真がめずらしい時代で、撮影しても出来上がるのは数日かかりましたから、大変な人気だったそうです。英二は、時代の先端を行くアイデアマンだったのです。

十二月、英二は撮影部主任になり、翌年一九三五（昭和十）年には『百万人の合唱』で日本初の鉄製クレーンの移動撮影、またさまざまな日本初の画面処理を開発しました。

そしてこの年の二月二十日、海軍にたのまれて、遠洋航海記録映画の撮影のため、横須賀港を出発したのでした。

このとき、妻のマサノのお腹には次男・皐がいました。

ちなみに、英二の海軍の艦内での身分は、カメラマンではなく、「洗濯夫」であったということです。もちろん、実際には洗濯の仕事はしていませんが。

七　悲しみを越えて

一九三五（昭和十）年七月二十二日、横須賀港到着。

三十四歳の誕生日（七月七日）を、東南アジアをめぐる海軍の艦上でむかえて帰ってきた英二を待っていたのは、新しい家族。航海中に誕生したばかりの次男・皐です。幼い子どもが三人もそろった家庭は、とてもにぎやかで、英二にとっても新鮮なことでした。

帰国すると間もなく、撮影してきたばかりの記録映画を自ら編集もして、円谷英二の監督第一作の『赤道超えて』をつくりました。

その実績を認められ、劇映画『小唄礫・鳥追いお市』の監督を命じられます。当時の人気アイドル歌手の市丸主演の映画でした。これが英二の唯一の劇映画監督作品となりましたが、そこその評判でした。

マサノは半年間もの航海の間、三人の子どもたちをかかえ、心細くなりがちでしたが、帰国して身近な存在になった英二の活躍を、とても幸せに感じていました。

ところが、そんな幸せが突然くずれ去ってしまいます。

長女の都が病気で亡くなってしまったのです。

母親のマサノはなげき悲しみましたが、英二もまたひどいショックを受けました。海外にいて、一番可愛い盛りにいっしょにいてやれなかった事をくやんだのでした。

皮肉にも英二が次に取り組んだ作品は『かぐや姫』でした。英二はこの作品で撮影を担当したのですが、平安京のミニュチュアを牛車がかぐや姫を乗せて、都大路から朱雀門へ到着するシーンをパペットアニメ（コマ撮り立体人形撮影）で演出も手がけたのでした。

英二は、この作品には特別な思い入れがありました。亡くなった都への想いが頭からはなれず、天に帰るかぐや姫を送る竹取の翁の気持ちだったのです。

その後も、最後まで英二がライフワークとして企画していたのが『かぐや姫』でした。

一九三六（昭和十一）年二月のある朝、英二は東京へ旅発つことになりました。玄関で二人の子どもといっしょに見送るマサノに言いました。それは、自分にも言い聞かせる言葉でした。

「もう少し、いっしょにいてあげたいんだがね。」

都をなくした悲しみを、家族みんなでいやそうと思っての言葉でした。

英二は、日本で初めての海外との合作映画のスタッフとして参加することになったのです。

その作品は、ドイツのテラ映画社との合作でした。日本をドイツ国民に理解させようとするため、予算もなにもかも大がかりなものでした。英二は、つねづね外国映画には負けたくないと考えていて、今度の仕事は良いチャンスだと張り切りました。

英二は雪山でドイツ人スタッフについていくため、必死にスキーを覚えたり、毎晩ドイツ人の飲むビールも負けじと飲みました。そのために太ってしまい、ズボンがはけなくなったほどでした。そんな中でドイツ人カメラマンが、フィルムを惜しみなく使うのをむだづかいだと英二が怒ってトラブルになったりする事件もありました。

ところが撮影がおくれて、九月になってから、ドイツの監督が桜の下を主役が歩くシーンを欲しいと言い出したのです。

いよいよ英二の出番です。この日のためにさんざん苦労して開発してきたスクリーン・プロセスの登場でした。

こんな事もあろうかと、四月に撮影しておいた桜並木の場面を背景に映し出し、その前を主役が足ぶみするだけで、桜並木を歩く場面を合成してしまったのでした。

これにはドイツ人の監督も手放しで大感激してしまい、このスクリーン・プロセスの装置を一式ドイツに持って帰りたいと言い出しました。

このような装置は、まだドイツにはなかったのです。英二は鼻たかだかでした。

結果的にこの映画は大ヒットして評判になりましたが、英二のスクリーン・プロセスの事を、映画を見た人は、話題にすらしませんでした。

英二はくやしくてたまりませんでした。

そんな時、英二の前に一人の男が現れたのでした。

男の名は森岩雄。この出会いを最初に、終生の理解者となる人でした。

森は間もなく東宝となる会社の重役でしたが、英二のスクリーン・プロセスの事を聞きつけ、わざわざ東京から見に来たのでした。森は「これからの時代は技術者の時代だ」と考える進歩的な経営者でした。

一九三七（昭和十二）年。東宝映画株式会社が誕生します。英二は家族とともに東京へ引っこす事になりました。英二は明るい未来を信じて東京へやってきました。

ところがとんでもない障害があったのでした。

カメラマン円谷英二は、すでに業界では有名な存在でした。これに東宝のカメラマンたちが、自分たちの仕事をうばわれると、かんちがいして英二に仕事をさせないように働きかけたのでした。

そこで森は、英二のために新しい部署を作ったのです。

「特殊技術課」は、英二が一人だけの部署でした。

その部署で、劇映画ではなく、文化映画部の作品『嗚呼南郷少佐』を監督・撮影し、ミニユチュア合成などを駆使し、これが実質的に東宝特撮の第一作となりました。

この作品を手始めに、他の文芸作品にもスクリーン・プロセスを使用し、研究をおこたりませんでした。

一九三九（昭和十四）年。陸軍からたのまれて、陸軍熊谷飛行学校へ出向し『飛行理論』という飛行機に関する映画を監督・撮影することになります。

水を得た魚とはよく言ったものです。少年時代志した大空への夢がかなったのでした。

英二はここで飛行機と取り組んで、実質的単独飛行三五〇時間、撮影のための滞空時間は一五〇〇時間という記録をつくりあげたのでした。

英二はこの熊谷飛行場通いで、『飛行機は何故飛ぶか』『グライダー』

『続飛行理論』も監督・撮影しています。

その間に、空中撮影におけるカメラの回転数の計算のため、東京帝国大学航空研究所（現在の東京大学）に通い、この研究で日本カメラマン協会・技術賞を受賞しています。


さらに、こんなことがありました。熊谷飛行場に通っていたある日、故郷須賀川から親戚の結婚式の招待状が届きました。ふと飛行機を見ていた英二は、突然のひらめきを感じてある計画を思いつきます。

「飛行機を貸してください！」

英二は飛行場の幹部にたのみこんだのです。英二の執拗なたのみに根負けした幹部は、しぶしぶ英二に許可をあたえたのでした。

結婚式当日、その日は快晴。熊谷から須賀川までは二〇〇キロ、相当の訓練を受けていた英二の腕前ならば朝飯前の距離です。当時はレー

ダーなどない、地図がたよりの飛行ですが、英二は無事に須賀川の上空にたどり着きました。

地上では、あらかじめ英二の知らせを受けていた一郎をはじめ家族が手をふってむかえています。英二は低空飛行して、通信筒に入れた祝い物を投下したのでした。

少年のころの夢をかなえた瞬間でした。

「あの神社の境内で飛行機を飛ばしていたんだ。」

そう思い出すと胸が熱くなってきます。パイロットになることを反対されながら学校へ行かせてもらった英二の、面目躍如の瞬間でした。

時代は前後しますが一九三七（昭和十二）年の盧溝橋事件をきっかけに日本軍は大陸へ攻めこみ、これによって世の中は戦争色を強め、政府は国民の好戦的感情をあおって、愛国心をふるい起こそうという気風が高まってきていました。

そんな事から、映画法という法律が施行されます。これによって映画を政府の統制下におき、政府の意のままに表現を規制するものです。映画は政府の許可が必要となりました。

一九四一（昭和十六）年には、さらに国民映画というきまりが設けられます。国民映画は、まず情報局が企画を映画会社に要請して、それに応えた企画に対し政府が助成金を出すというのです。

映画会社も生きのびるために応じないわけにはいきませんでしたが、政府にとって都合の良い戦争をあおりたてる作品が多かったのです。

しかし英二たちは、映画を見に来るお客さんに夢や希望をあたえる作品も大切だと考えていました。

こうして出来上がったのが『エノケンの孫悟空』です。この映画は当時の大スターの榎本建一を主役にミュージカル仕立てにした傑作で、英二はこの映画は子どもたちが見に来る作品と考えて、戦争映画のようなリアリティーを追求したものではなく、徹底的にファンタジーとして表現しています。孫悟空の乗る金斗雲は飛行機だったり、孫悟空たちが金太郎や桃太郎に変身したり、魔物たちの巣窟が「金角銀角科学研究所」であったり、現代でも通用するようなものに仕上がっています。

英二は、この映画で生合成に挑戦しています。生合成とは撮影するときレンズの前半分を黒い紙でさえぎり、今度はフィルムを巻きもどして、前にさえぎったレンズの部分で新たな場面を撮影し全く異なる場面をつなぎ合わせるという高度なテクニックです。

きっと楽しい映画だったでしょう。

けれど、一九四一（昭和十六）年十二月八日。ついに日本は、太平洋戦争に突入してしまいます。

戦争と映画

英二は檻の中の熊のようにウロウロとプールの縁を歩き回っていました。足もとの四千平方メートルもある大プールには、ハワイのオアフ島のアメリカ海軍基地が広がり航空母艦や戦艦が停泊しています。思えばプールの基礎工事だけで二か月、海軍基地のセットや模型など三か月もかかって作り上げてきたのです。

この歴史に残る映画『ハワイ・マレー沖海戦』は、日本軍が太平洋戦争のはじめにあげた大勝利の一周年記念に公開することが、海軍の命令で決定されていました。

一九四二（昭和十七）年元旦の新聞を広げた東宝の取締役・森善夫は大きな見出しを見てハタと手を打った。

「戦史に燦めきたり・米太平洋艦隊撃滅」

とある見出しには、ハワイのオアフ島にある真珠湾を爆撃する日本の海軍の写真がのっていました。

森が海軍にこの企画を提案すると、海軍もまた諸手を挙げて、全面的に協力するから記念日までに作れと命令したのです。監督を任された山本は、これは実物を撮影した記録映画にするのかと思っていたらしいのですが、このとき、すでに森の頭の中には、英二の「特撮」の二文字がありました。

ところがいざ脚本に取りかかると、海軍は秘密事項ばかりで、なかなか取材ができず、話しになりません。それどころか海軍内部から、さらにマレー沖で勝利した海戦もふくめろと言う声さえあがったのです。

いっぽう英二は、最大の見せ場になるであろう真珠湾の図面を考え始めていましたが、やはり海軍の秘密主義にはばまれて、手をつけることさえ出来ていませんでした。

そんな時、以前京都で入院した英二のもとへ、マサノを差し向けてくれた渡辺が現れました。渡辺は喜んで英二の仕事を助けることになったのです。社交術にたけた渡辺のおかげで、なんとか必要な資料をそろえることが出来たのでした。

東宝はこの作品に社運を賭けたのですが、英二もまた、自分の持てる力を注ぎこみました。

魚雷が軍艦に命中したときの水柱に対しても、海水と淡水とのちがいをテストしたり、さまざまな研究をして、レンズのサイズにふさわしい水柱は三メートルであるとの結論を出して、ミニチュアの縮尺は五百分の一だと決定したりしました。

そのような大がかりなセットはこれまでに例がなく、宣伝のためもあって海軍はじめ報道機関の見学者も絶えませんでした。

いよいよこのセットの爆発シーンの撮影の時間が近づいて来たとき、スタッフが英二に耳打ちをしました。

「奥さんがお見えです。」

マサノに手を引かれた二人の息子もいっしょでした。自分の家族を呼び寄せるなど、結婚してから十三年の今日までなかったことです。

それほど、英二にとっても自信にあふれたセットで、力の入った撮影だったといえるでしょう。

「ヨーイ、スタート！」

英二は撮影の合図と共に、するどく笛を吹き鳴らした！

あたりの空気を引きさく轟音に、子どもたちは飛び上がりました！

『ハワイ・マレー沖海戦』は記念日より五日早く、十二月三日に全国で公開されました。英二は長蛇の列の一般客にまじって観ました。航空母艦を飛び立った戦闘機、爆撃機はオアフ島へ向かい、雲の切れ目に見える真珠湾へ低空飛行で接近、やがて魚雷を敵艦に命中させます。地上では燃料タンクや格納庫が燃える。操縦席の中から、見上げる頭上から、計算しつくされたカメラアングルに、観客は拍手かっさい。これが作り物だと思わず見とれていました。

しかしそのとき、この映画を監督した山本も英二も、同じような事を考えていたのです。

この映画を見てパイロットを志願する人がでて、のちに「あんな映画がなければ、うちの息子も死なずにすんだのに……」などと思う人がいたりしたら、と思ったのでした。

ともあれ、この映画は日本人が全員見たと言われるほど大ヒットしたのですが、また、それをうらやむ人たちもいました。他の映画会社には特撮の技術が全くなかったからです。

ある日、英二が出社すると、社員たちの様子がなんだかおかしいのです。すると英二が今日まで手をとり足をとって教えてきた一番弟子がオズオズと切り出してきました。

「今月いっぱいで会社を辞めさせてください。」

衝撃的な言葉でした。ライバル会社へ移籍するというのです。しかも彼一人だけではなく、十名ものスタッフがいっしょに。

知らないのは英二だけでした。

「……」

言葉がありませんでした。けれど考えてもみれば自分もそうでした。技術者というのは、ある日一人前になって独立していくものなのかもしないか。

れません。それにしても、いきなり辞めるというのはひどすぎるのでは

英二はくやしさをこらえながら

「わかった、仕方がないな……」

「すみません……」

頭を下げる一番弟子に英二は言います。

「まぁいいさ、その代わり向こうへ行ってもがんばれよ。」

一番弟子は涙を流したのでした。

こうして、とんでもない出来事まで生んでしまった『ハワイ・マレー沖海戦』でしたが、戦争が進むにつれて、英二の特殊技術課はますます忙しくなっていきました。

そんななか、東京上空にまでアメリカの爆撃機が現れ、空襲が始まっ

てきました。

円谷家では英二が先頭に立ち、庭に防空壕を掘りました。深さは五メートルもあり、新しい物好きの英二がつくった、電灯完備、ラジオ付きの居心地の良い防空壕でした。

しかし戦争の足音は高く、東京の空襲が激しくなってきたころ、円谷家には三男・粲が誕生し、英二の実家のある須賀川に母子たちは疎開をしました。子煩悩な英二は、自分の趣味もかねていたのでしょう、飛行機の模型をいくつも持ち帰って天井からつり下げていました。

この時代になると、英二の特撮技術には誰もかなう者はなく、ついには東宝にいながらライバル会社の大映でも『かくて神風は吹く』の特撮を担当したほどでした。

一九四四（昭和十九）年暮れに宝塚映画と合併した東宝は、東宝映画株式会社と名前を改めました。社長の大沢は、英二の特撮を特に大切にしました。

『加藤隼戦闘隊』の監督を山本にして、英二との黄金コンビで製作しました。この映画でのちの英二の特撮の定番となる空中戦が完成しています。しかもこの作品は、陸軍の命令で製作されたのですが、海軍とちがって全面的に協力してもらい、制作することができました。

この時代全ての映画は、企画の段階から検閲を受け、戦争に反対するような作品を作る事は出来ませんでしたが、なかには奇跡とも言えるような作品もありました。

その映画は『雷撃隊出動』です。東南アジアの、とある飛行場でのパイロットの物語で、アメリカ兵と戦う日々が描かれています。そのなかでアメリカ兵の捕虜が言う

「大なる者が小なる者に負ける訳がない。新兵器も色々ある。アメリカ

が絶対に負けるはずがない。」

など、これまで使うことさえなかった台詞までありました。

しかし、一九四五（昭和二十）年八月一日。英二のもとに召集令状が届きました。八月十五日に仙台・石巻駐屯地・歩兵第四〇七連隊に入営するようにと書かれていました。

八月十四日、英二は上野から仙台に向けて汽車に乗り、とちゅう、熊谷で空襲にあいながらも列車は深夜、須賀川の町を通過します。

英二は疎開しているマサノと子どもたちに思いをはせながら、車窓から暗い須賀川の町を透かして見たのですが、何も見ることは出来ませんでした。

八月十五日正午。

天皇陛下が戦争の終わりを告げました。

九 ゴジラ

「戦争が終わった。日本は負けた……」

英二たちは、間もなくやって来るアメリカ軍に備えて、いままで苦労して撮影してきた戦争場面や飛行機の操縦法、あるいは軍の命令で製作された武器のあつかい方などのフィルムを焼いたり、土の中にうめてしまいました。

一か月後、占領軍は映画や演劇にたずさわる会社の人びとを集めて、こう宣言します。

「日本国民の最大の娯楽である映画を、戦争をあおりたてるような事に使ってはならん。これからの日本は文化も思想も、経済も全て自由の国になった事を知らせるべきである。」

自由の国になったとはいえ、英二には毎日が気がかりでした。自分は戦争映画や軍用教育映画にたずさわってきた事で、何らかの罰を受けるのではないか?

また周りの人びとからも、英二は逮捕されるのではないかという、うわさ話が聞こえていました。

かっての師匠である監督の衣笠貞之助は、毎日不安におびえながら仕事を続けている英二をはげましてくれましたが、おびえは消え去りません。

その一方で占領軍は、今までの映画会社は一方的に社員を辞めさせたり、引きぬきをしたり、働く人びとに不利な条件ばかりが野放しになっていたのを改善するために、組合を作ることをすすめます。

ところが、この組合運動は強力になりすぎて、仕事を停止して会社に要求を伝えるストライキが始まり、これが長引きました。そのため組合がある会社は映画を作ることが出来なくなってしまいます。そこで生活に困ってしまったスタッフや俳優たちは、新しい会社を立ち上げたりしたのでした。

英二はこうした仲間たちの仕事を応援もしましたが、会社の上役であるため積極的には手伝うことが出来ませんでした。

当然のことながら家族を養わなければならなかった英二も、生活に困っていました。

そんなとき、英二の才能が発揮されます。そのころ、上陸したアメリカ軍は日本中をジープという軍用車で走り回り、その格好良さは子どもたちの興味をひいていました。英二はこれに敏感に反応して、自宅に工場を作り、六名の職人をやとい入れてジープの玩具を製作したのです。

もとより子どものころから模型作りが得意な英二にとっては、たやすい事でした。英二は自らデパートに営業に出かけて売りました。

このころ、英二は田舎の兄としたう一郎に、こんな手紙を書いています。

「……ただ一つの問題は戦争犯罪者になるか逃れるかですが、三月ごろにはこれもいずれとも決定するでしょうが、悪い場合となったときの対策は立てました。私の場合は、文化関係の戦意高揚、敵愾心想起などの仕事に携わったことが犯罪理由になるでしょうが、国民として当然のことをしてきたのですから決して悲観もなく……　犯罪者として今後指導的な仕事ができなくなれば、映画なんかあっさり捨てて見事に転身する覚悟で、すでに玩具製作を開始しています……」

この手紙で英二は、自分のしてきたことに悔いはなく、むしろ誇りさえ感じています。

一九四八（昭和二十三）年三月三十一日、映画関係の戦争挑発犯罪者として会社から追放する公職追放が、占領軍から発表されることになりました。うわさでは円谷英二の名前も挙がっていました。それほど英二の活躍が際立っていたということでもあります。

失業――

英二はこの数年間、人生最大のピンチをむかえることになります。生活のためには何でもやる！　と腹をすえた英二は、個人経営の「円谷特殊技術研究所」を自宅に開きました。

とはいえ、英二が映画界のナンバーワンの技術者であることに変わりはありません。わずかな仕事をそっと依頼してくる会社もありました。けれど、それだけでとても生活の足しにはならず、本当に英二は何でもやりました。玩具の製造販売、雑誌の表紙デザイン、なかでも最大のヒットは、オートスナップ・マシンです。

それは英二がまだ京都でのカメラマン時代、デパートの一角に写真コーナーを作って以来のアイデアです。あの当時は三十分で仕上がる写真が今なら五分で出来上がるのです。英二はジープの時と同じように自ら営業マンとなってデパートに売りこみました。

その結果、松坂屋、伊勢丹などが取りあつかってくれ、それどころかこの評判は口コミで広がって、ついには福井県のデパートがチェーンストア用に二十台もの注文をしてきました。納期に間に合わせようと毎晩徹夜状態で作り上げて、貨物列車で送り出しました。ところが、翌日、その貨物は福井地震のため全壊してしまったのです。運の悪いときは、どこまでも運の悪い英二でした。

一九五二（昭和二十七）年になると占領軍は日本を去っていきました。とたんに、それまでの反動がおし寄せたかのように、戦争映画ブームがやってきます。

どれもこれも大当たりの映画の撮影を手伝った英二を、松竹は専属の社員にならないかとさそいました。経済的に苦しんでいた英二は、悩みぬいたすえに、旧友の森岩雄に打ち明けます。森は一足先に公職追放を解除され東宝の重役に返り咲いていました。

すると、英二の話を聞き終わった森は
「円谷君、いま東宝は、君の特撮の力が必要なんだ。」

と、英二の両手を力強くにぎりしめたのです。

こうして英二は東宝に復帰します。

日本映画が戦争物に明け暮れしている間に、アメリカの映画界では、SF怪獣物の時代が来つつありました。

『地球最後の日』『地球の静止する日』『遊星からの物体X』『宇宙戦争』『原始怪獣現る』などです。

一九五四（昭和二十九）年。プロデューサーの田中友幸は行きづまっていました。すぐさま次の企画を上げないと仕事に穴が開いてしまう。せっぱつまった田中の頭の中を、その年公開された『原始怪獣現る』というタイトルがはじけました！

「これだ！　原始ではなく、原子爆弾だ」

一瞬にして企画が出来上がったのです。

その年に太平洋上で行われたアメリカの水爆実験からヒントを得て、極秘の「G企画」としてあつかわれてスタートします。

まず原作を幻想小説家の香山滋に依頼、香山はこれをわずか二週間で書き上げました。出来上がった原作を元にした脚本を村田武雄に、また怪獣のデザインは彫刻家の利光貞三に、依頼しました。

英二は、この作品は自分の生涯の作品となる予感がしていました。出来上がってきた脚本を元に、監督の本多猪四郎、撮影の円谷英二、そして京都からの長いつきあいになる美術の渡辺明が、連日顔をつきあわせることになったのです。もちろんこの映画の予算は特別な物であった事は言うまでもありません。

撮影は何もかも初めての事ばかりでした。

『キングコング』のように、人形の怪獣を動かしながら一コマずつ撮影するコマ撮りしている時間はありません。そこで、ぬいぐるみの中に人を入れて動かすことにしました。

しかしながら、最初に出来上がったぬいぐるみは重すぎて、とても動くことは出来ません。何度も作り直しがされました。

その怪獣は、「ゴジラ」と呼ばれます。地上で最強のゴリラと、海洋で最強のクジラを合体した命名です。

ゴジラに入った、世界で最初のスーツアクターの中島春雄は演技の前、しばしば動物園に通ってゴリラなど動物の動きを観察しました。ぬいぐるみの中は暑く、毎日体重は減り、体力をつけるために夜食に焼き肉を食べたといいます。

いっぽう、英二はゴジラの最大の見せ場である銀座の街並みの再現に試行錯誤していました。ゴジラの大きさは五十メートル、実際のぬいぐるみの身長が二メートルであることからミニチュアセットのサイズを割り出します。

また舞台は実在の街並みなので、その細部まで慎重に作り上げました。ところで今度の映画は、戦争映画のように爆撃でビルがこわれるのではありません。ゴジラの腕力や、はき出す放射能で破壊されるのです。

そのため、ビルを作る素材が軽くないと、うまく撮影できません。悩んだ末、お菓子のウエハースを組み立てることになりました。ところが、毎晩、セットが無人になるのをねらってネズミたちが大喜びで現れてしまったのです。銀座のセットは、ゴジラが破壊する前にネズミたちに喰いあらされてしまったのでした。そんな失敗をくり返しながら、いろいろと工夫して撮影がすすめられていきます。

英二の作品に対するこだわりはかなりのものでした。特撮というのはとほうもなく準備に時間がかかるのです。毎朝、作業を開始しますが、いよいよ撮影に取りかかるのが、翌朝になってしまったということなどしばしばありました。撮影所のみんなに、はやった言葉があります。

「ゴジラは五時だ。」

撮影が、毎朝五時にならないと終わらないと、評判になったのでした。田中プロデューサーも、ふくらむ予算を会社に説得しなければならず、苦労が絶えませんでした。

こうして出来上がった極秘作品「G企画」は、正式に『ゴジラ』と決

撮影中の英二とゴジラ

定しました。

その年の十一月三日、『ゴジラ』が、全国の東宝系映画館で封切りされました。観客は今まで見たこともない映画に熱狂します。

なにより社会性、反戦テーマを強調した本多監督と、架空の怪獣が大暴れするリアルな画面を作り上げた円谷英二は、まさにアメリカ映画をはるかに超える高みにまで上りつめてしまったのでした。

そして、いまもなお『ゴジラ』はシリーズ化され、ハリウッドでもリメイクされるほどのヒット作品となっています。


だがそのとき……　試写室の英二は、試写が終わって明かりが点灯し、割れんばかりの拍手の中で、ちょっと照れ笑いをうかべながら片手をあげて応えるだけでした。

十 ウルトラマン

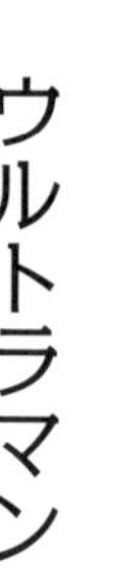

昭和三十年代の後半になると、映画の人気はテレビにおされてきていました。けれど、映画関係者たちはこの新しい媒体を見くびっていました。

——あんな小さな画面で満足できるものか。

けれど現実はちがっていました。テレビは、ますます人気になっていたのです。そこで映画会社は、確実にかせぐことの出来る特撮映画をどんどん頼りにしていきます。英二は、夏休みと年末年始の『ゴジラ』の他に、大作をこなさざるを得ませんでした。

実は、英二自身も映画にマンネリを感じ始めていたころで、新しい物好きな英二は、放送開始と同時にテレビを買いこんで、家族といっしょに見ていました。

そんな影響もあってか、英二の長男と次男は映画ではなく、テレビへの道を選び、テレビ会社に就職しました。


同じころ、時代を先取りする英二は、もっと自由に映像を製作できるように、研究所を製作会社にすることを考え始めていました。このうわさを聞きつけた東宝はあわてます。今は東宝の映画だけを作っている英二ですが、そのようなことになれば、よその作品まで手がけるようになってしまう。なんとか英二を手元に引きとめておかなければと考えた結果、この会社に東宝がお金を出することになりました。その代わり、東宝の作品を優先してつくる約束です。英二も会社経営の将来を考えて、同意しました。

こうして一九六三（昭和三十八）年四月十二日、円谷プロと呼ばれる

「円谷特技プロダクション」が設立されました。

円谷プロは息子の勤めるテレビ局に企画を持ちこみました。

そしてついに、ＴＢＳに企画を出していた『アンバランス』の製作が決定します。

完全主義者の英二の主張で、映画と同じように、全二十九話の撮影が終わってから放送することになりました。

『アンバランス』はのちに『ウルトラＱ』というタイトルに変更されます。なぜ「ウルトラ」になったかについては、こんなエピソードがあります。

当時行われた東京オリンピックの体操競技で大技が出るたびに、ＮＨＫのアナウンサーが「出ました、ウルトラＣです！」とさけんだのです。

英二はわざわざこのアナウンサーに手紙を送って、アナウンサーから夕イトルに「ウルトラ」という言葉をつける許可を得ました。それほど英二は、このテレビシリーズに情熱をかたむけていたのです。

しかしながら、ＴＢＳの担当プロデューサーの栫井巍は、この企画の製作にあたり注文をつけていました。実は、英二の会社が考えたもともとの企画は、ＳＦミステリーを多分に意識した内容だったのです。自然のバランスがくずれて、不思議なことがつぎつぎにおこるお話です。栫井は、英二たちがねらう分野と、視聴者の期待する方向がちがうと、テレビ業界の経験から感じ取っていました。栫井は頑として「怪獣路線」を主張し続けます。

こうしてほぼ一年がかりで出来上がった『ウルトラＱ』が完成し、テレビ局内で完成試写が行われるときがやってきました。テレビ局の上役たちも評判を聞きつけて大勢つめかけます。

そして第一話「ゴメスを倒せ！」の試写が終わったとき部屋の中にひんやりとした空気が流れました。

やおら一人の幹部が口を開きます。

「はたして、こういうものがテレビで当たるものだろうか？」

「怪獣は東宝映画であって、マンネリじゃないのかね。」

「テレビの小さな画面で見るものではない。」

と酷評の嵐でした。

一九六六（昭和四十一）年一月二日午後七時、武田製薬のＣＭに続いて、グニャリとした画面に『ウルトラＱ』のメインタイトルが映し出されました。

この日は、日曜日でした。いつもなら英二は、妻のマサノと近所にある教会へ日曜礼拝に出かけるのでしたが、この日ばかりは、あまりの緊

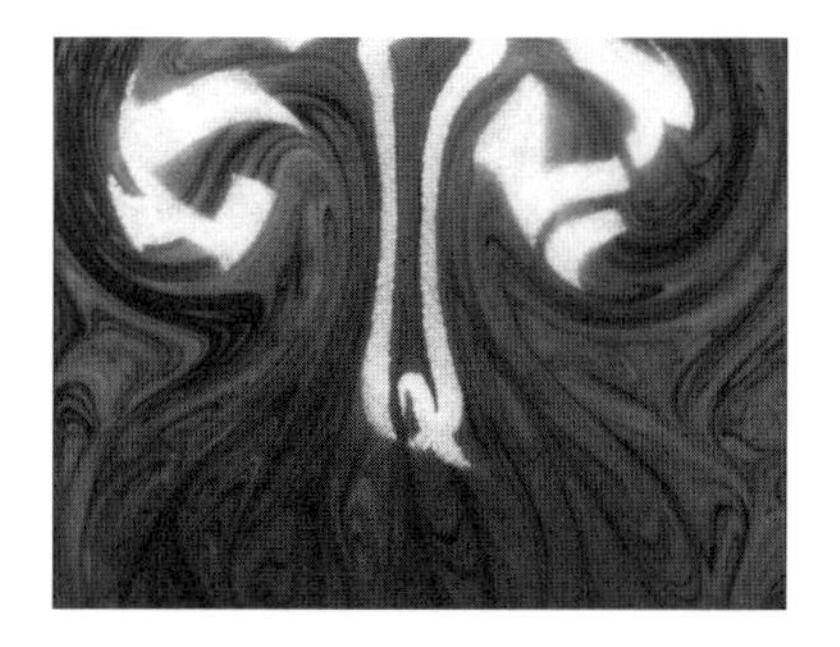

『ウルトラ Q』タイトル

『ウルトラ Q』第一話　ゴメスを倒せ!

張から家を出ることができませんでした。そればかりか愛用の紙巻きタバコをスパスパ吸い続けているのです。

英二はこれほど緊張したことはありません。

番組が終了して間もなく電話が鳴りました。

「おめでとうございます。視聴率32・2パーセントです!」

それはTBSからの知らせでした。視聴率とは、どのくらいの人がその番組を見ているかをしめす数字です。それは、圧倒的な数字でした。

思えばこの数か月、少年向け雑誌、駅構内のポスター、テレビCMなど、あらゆる手段を使って行った宣伝効果もあったかもしれません。けれど、こんな奇想天外ともいえる数字を生み出すとは、テレビ局の幹部には信じがたい事件でもありました。

全国の家庭で大人たちは、今回かぎりのお正月の特別番組だろうぐらいに軽い気持ちで見ていましたが、子どもたちは

「これから毎週いろんな怪獣が見られる！」

と目をかがやかせました。

とくに第一話「ゴメスを倒せ！」は古代怪獣ゴメスと、原始怪鳥リトラを二体も登場させる子どもたちへの大サービスでした。この二体の怪獣の迫力ある戦いを自分の家のテレビで観られたのですから、全国の子どもは大満足したのでした。

続く第二話「五郎とゴロー」３３・４パーセント、第三話「宇宙からの贈りもの」３４・２パーセント、第四話「マンモスフラワー」３５・８パーセントと視聴率はうなぎ登りです。

栫井の主張した怪獣路線は大成功だったのです。

『ウルトラQ』に気を良くしたＴＢＳは、すぐさま次の企画を円谷プロに発注しました。次回も外せないのは「怪獣」です。

さて巨大な怪獣を、今度はどうあつかうのかが大問題です。さまざまな案が出つくしたころ、誰かがつぶやきました。

「プロレスごっこという訳にもいかないか。」

ウルトラマンの誕生でした。

巨大なヒーロー対怪獣という、今まで見たこともない特撮テレビ映画の企画です。宇宙からやってきたウルトラマンが、地球をおそう怪獣と戦います。強くてやさしい正義の味方、ウルトラマンと、個性的な怪獣たちが必要です。

早速、美術デザイナーの成田亨にヒーローと怪獣のデザインが発注されました。成田は、試行錯誤の結果、仏像からヒントを得てニューヒーローを完成させます。それがウルトラマンです。成田がデザインしたヒーローを立体にするのは、彫刻家の高山良策に依頼しました。高山のつくるものは、軽くて動きやすかったのです。

ウルトラマンの設定が出来ました。

身長四十メートル、体重三万五千トン。年齢は二万歳。飛行速度はマッハ五。走る速さは四百五十キロ。

そして趣味は、なっ、なんと「読書」でした。

またこのほかに、英二はウルトラマンの製作にあたり、子どもたちへの優しい心づかいもしました。それは残酷な場面は描かないということでした。恐ろしくて目をそむけるような場面も避けました。テレビは、家庭でたのしく見るものだと考えていました。

ですから、ウルトラマンと怪獣の戦いの場面では明るい主題歌が流れて、思わず「ウルトラマンがんばれ！」さけびたくなってしまうのですね。

一九六六年（昭和四十一年）七月。第一話「ウルトラ作戦第一号」が放映されました。視聴率は３４・０パーセントでした。

『ウルトラマン』第一話　ウルトラ作戦第一号

このころのテレビ放送は、まだカラーではありませんでした。

でも『ウルトラマン』はカラー放送でした。

子どもたちは、ハヤタ隊員がベーターカプセルをかざすと、突然、巨大化してウルトラマンになるのを見ておどろきました！

巨大化変身、これこそが現在も放映され続けている「ウルトラマン」の大発見だったのです。

英二の妥協を許さない姿勢は相変わらずで、完成度の高い番組製作が続けられました。

撮影現場の作業は過酷で、やはりシーズンの後半にもなると、みんなに疲れが見えてきました。

そこで、シリーズはひとまず終了することにしました。

そして半年の休養の後『ウルトラセブン』がスタートしましたが、今回は、主に宇宙人の地球侵略がテーマでした。そのため、どうしても戦いよりもドラマが重要視される物語になりがちでした。

これが災いして思ったより視聴率はのびなかったのですが、そうはいっても人気があり、「セブン」は三十九話で終了予定だったところ、テレビ局の要望で四十九話まで製作をしました。

この後、新企画『怪奇大作戦』が製作されましたが、このシリーズには専門に特撮を撮影する特撮班がありません。

これには理由がありました。当時、ふつうの三十分番組の制作費は二百五十万～三百五十万円くらいでしたが、「ウルトラシリーズ」はテレビ局から七百五十万円も支払われていました。

しかし円谷プロでは、それより高い一千万円ちかくもかけて撮影していたのです。このころ、物価が高くなっていたせいもありますが、ほとんどは特撮スタッフにはらう給料でした。

この時期に会社の名前も「円谷プロダクション」とあらためています。特撮以外の作品も製作するという意思の表れでもありました。当時のプロダクションの経営が、いかに困難であったかがわかるというものです。

一九六九(昭和四十四)年八月。

英二の名前がスクリーンに登場する最後の映画『日本海大海戦』が公開されました。

英二は日本万国博覧会用の映画を依頼され、徳島県鳴門の渦潮に出かけていました。その観潮船の甲板で、英二に心臓発作がおそいかかったのです。

急きょ、帰京した英二は、東京・渋谷の病院に入院し、その後、伊豆の伊東温泉郷の浮山の別荘へ、妻のマサノと二人で静養に出かけました。

浮山の別荘は、英二がこれまでの人生の中で誰よりも苦労をかけてきた妻マサノへの感謝のしるしの贈りものでした。

この温泉付の別荘でマサノと残りの人生を楽しもうと英二が手に入れたものだったのです。


それが……。

一九七〇（昭和四十五）年一月二十五日夜。

明日は東京の我が家へ帰ろうという夜でした。突然の発作がまたしても英二をおそったのです。

狭心症心臓喘息でした。

机の上には、未完の企画書がありました。

『ニッポン・ヒコーキ野郎』
特撮の神様・円谷英二は、夜空に燦然とかがやく星になったのです。

おわりに

田口成光

ぼくが最初に円谷英二監督とお会いしたのは、いまから五十年以上も前のことでした。場所は、現在も同じ場所にある東京世田谷の東宝撮影所の特撮ステージ（撮影用スタジオ）で、円谷監督は「ゴジラ」シリーズの撮影中でした。ぼくは大学生のアルバイトで、特撮ステージの監視員（ガードマン）でした。

監督はツイードの上着にソフトの帽子、サングラスを掛けて、二本指でタバコをはさんでいました。この格好は亡くなるまで変わりませんでした。

それから二年後の夏、ぼくは円谷監督の会社「円谷特技プロダクション」で「ウルトラセブン」の特撮助監督になっていました。そのころには、ぼくたちはみんな円谷監督のことを「おやじさん」と呼ぶようになっていました。

「おやじさん」と親しみをこめて呼ばれる円谷監督は、本当にふだんは温厚で優しい人柄でしたが、作品に関わることになると決して手抜きを許さない厳しい監督でした。それなのに、監督はおよそ実現できそうにもないような画面を求められても、かんたんに「ああ、出来るよ」と答えてしまうのでした。

後から聞いた話ですが、監督は答えてしまってから死ぬほど苦しみながら考える事が、生きがいでもあったようです。しかしその結果、今まで人が思いもつかなかったようなアイデアを次々と考え出して実験をくり返し、本番に備えたりする堅実な性格も持ち合わせていたようです。

子どものころから大好きだった飛行機を飛ばせたり、ミニチュアを使った場面作りが得意だった監督は、第二次世界大戦中、国の方針で戦争映画をたくさん作り上げました。それらはみんな見事な出来映えで本物と見まちがうばかりのものでした。そんな優秀な技術をもっていた監督でしたが、皮肉なことに戦争に協力したと言うことで東宝撮影所から追放されてしまう時代がありました。

しかし円谷英二はあきらめませんでした。再び映画の世界にもどれる日を祈りながらたえました。そして困ったときに考えぬく監督のひらめきが、おもちゃの自動車や自動写真装置などのアイデアを生み出して、家族の生活を支えたのでした。

やがて平和な時代を迎え、晴れて映画界にもどった監督は、核実験の影響で誕生した『ゴジラ』で戦争反対をうったえ、宇宙からやって来た平和の使者『ウルトラマン』を誕生させたのでした。

資料（しりょう）

円谷英二（つぶらやえいじ）

英二をとりまく人びと

英二の人生に影響をあたえた人や、同じ時代を生きた人を紹介します。

枝正義郎

一八八八年〜一九四四年

映画監督、カメラマン。広島県佐伯郡（現在の廿日市市）に生まれる。学歴などくわしいことは、わかっていない。花見の宴会で出会った英二を、天然色活動写真（天活）に入れたことによって、映画界に入るきっかけをつくるとともに、撮影技術を教えた。英二の師匠ともいえる人物。

映画技術者の草分け的存在で、英二以外にも多くの監督やカメラマンを育て、日本の映画界の発展に貢献した。

衣笠貞之助

一八九六年〜一九八二年

三重県に生まれる。本名は小亀貞之助。最初は女形俳優として映画界入りした。川端康成らと組み、映画『狂った一頁』を作って評価される。その後、衣笠映画連盟を設立し、映画監督として活躍。『地獄門』でカンヌ国際映画祭で最高賞を受賞するなど、日本映画の海外評価の道をひらく。

英二は、衣笠映画連盟で必死に映画技術をおぼえ、映画人としての姿勢をたたきこまれた。枝正とともに、英二の師匠といえる存在。

犬塚稔

一九〇一年～二〇〇七年

脚本家、映画監督。

東京都に生まれ、台湾で少年時代をすごした。銀行につとめたものの、演劇に興味をもって退社する。松竹下加茂撮影所に入所して、衣笠貞之助が監督した映画『狂つた一頁』の脚本なども手がけた。人気俳優・長谷川一夫のデビュー作と、引退作の脚本を執筆。デビュー作『稚児の剣法』は監督兼任で、犬塚も監督デビュー作、カメラマンも新人の円谷英二であった。この映画がヒットして、犬塚も売れっ子監督として、阪妻プロや第一映画、松竹などで映画をつくる。

戦後は、脚本に専念し、勝新太郎の当たり役『座頭市』の脚本家としても知られる。百歳をすぎても本を出版するなど、長年にわたって活躍した。

有川貞昌

一九二五年～二〇〇五年

撮影技師、映画特撮監督。よく、通り名で、ていしょうと呼ばれていた。

東京都出身。戦争中に、英二が嵐のなかの飛行シーンを特撮で撮った航空映画『南海の花束』を見て、飛行機乗りを志し、特攻隊員となるが、特攻の直前に終戦をむかえる。

戦後、東宝に技術者として入社。英二のもと、撮影助手で『ゴジラ』にかかわり、円谷英二の弟子として腕をみがく。のち、『ゴジラの息子』で、ゴジラ映画二代目の特技監督となる。

東宝と円谷特技研究所を行ったり来たりしながら、数多くの特撮作品で活躍し、円谷プロダクションの「ウルトラマン」シリーズでも特殊技術を担当した。

高野宏一

一九三五年〜二〇〇八年

撮影技師、特撮監督、演出家。東京都出身。東宝怪獣映画『ゴジラの逆襲』で、キャメラマン助手をつとめる。フリーの撮影助手をへて、フジテレビに入社、テレビドラマの撮影に加わる。英二の直弟子として、撮影による演出をたたきこまれ、特撮の絵コンテ、フィルム編集も自ら手がけた。

英二が、円谷特技プロダクションを設立にしたときには声をかけられ、同プロに入社する。『ウルトラQ』で特撮キャメラマンをつとめ、『ウルトラマン』で特技監督になる。いちど円谷プロダクションを退社するが、後日復帰して、数多くの映画、ドラマの特撮作品を手がけた。

利光貞三

一九〇九年〜一九八二年

怪獣造形家、特撮美術スタッフ、彫刻家。大分県出身。高校卒業後、大阪の美術学校に入学。卒業後、東京へうつる。

英二のまねきで東宝映画『ハワイ・マレー沖海戦』のミニチュア製作に参加。戦後、東宝を辞めた英二が設立した「円谷特殊技術研究所」に参加。『ゴジラ』製作のため、円谷監督にまねかれ、東宝撮影所に入所。ゴジラの粘土原型やゴジラのぬいぐるみ制作を行う。以後、特撮映画の怪獣専門の造形チーフを担当する。

東宝撮影所を退社後は、フリーとなり、数多くの作品にかかわった。

成田亨

一九二九年〜二〇〇二年

彫刻家、デザイナー。

青森県出身。武蔵野美術大学で絵画、彫刻を学ぶ。大学在学中にアルバイトで映画『ゴジラ』の制作現場を手伝ったことをきっかけに、彫刻制作のかたわら特撮映画の世界にも身をおくようになる。ウルトラQ、初代ウルトラマン、ウルトラセブンおよびそれに登場した怪獣たち（セブンは二十九話まで担当）のデザインを手がけた。

カネゴン、ガラモン、バルタン星人など、いまだに語りつがれるウルトラシリーズの個性的な怪獣の多くは、成田のデザインのものが多い。宇宙人のデザインも、「地球人にとっては悪でも、彼の星では勇者であり正義なのだから、ふしぎな格好よさがなければいけない」と考えていた。

怪獣のデザインのほかにも、油彩画や水彩画、彫刻など多くの作品をのこしている。

高山良策

一九一七年〜一九八二年

造形作家。「怪獣の父」と呼ばれる。

山梨県に生まれる。美術造形家として大映の『鯨神』『釈迦』など作品の特撮美術を担当。

当時よみうりランドにあった「水中バレエ劇場」でウミガメのモデルをつくる。そこの総合監修が円谷英二で、ウミガメの造形があまりにもすばらしいので、高山に「ウルトラQ」の怪獣の造形を依頼した。

成田たちがデザインした怪獣を立体にして、ぬいぐるみに仕上げていく。高山のつくる怪獣は、スピーディーな動きを求められるテレビの撮影のために、「動きやすさ、軽さ、安全さ」を第一に考え、やわらかくて軽い素材を選んでいた。

また、俳優が脱ぎ着しやすいよう、内部に取っ手などをつけたり、口や目は、中でひもを引っぱって開け閉めをする仕かけを考えだすなど、さまざまな工夫がされていた。

英二をもっと知ろう

特撮は大変！

怪獣やヒーローたちがあらわれる町なみを、ミニチュアの家や木などをならべて作ります。撮影をしている時間よりも、こうして準備をする時間のほうが長いくらい、大変な作業です。

▼セットの準備中

1番右にいるのが英二。細かい部分にもこだわって指示を出しています。背景の空は、布に雲などが描かれたものです。ホリゾントといいます。

いざ撮影!!

ウルトラマンや怪獣の演技も大変です。スーツはとても重いし、中は暑く、まわりもよく見えません。それに、声も聞きとりにくいのです。

俳優たちは、ひとつのシーンを撮り終わるとヘトヘトになります。怪獣の動きを研究したり、体力をつけたり、ふつうの役者とはちがう苦労がありました。

▲ウルトラマンと話す英二

動きの確認など演技指導もします。

▼撮影中

1番右にいるのが英二。カメラのすぐ近くで撮影のようすを見ています。

英二が生んだ怪獣やヒーローたち

英二やスタッフの仲間たちが、苦労して作りあげた番組から、たくさんの人気者が生まれました。その数は多すぎて、全部は紹介できませんが、代表的なキャラクターを見てみましょう。

怪獣たちは、性格や生い立ちが決められています。ただの戦いではなく、それぞれに物語があって、子どもたちは夢中で見ました。

◀バルタン星人

高い知能をもっていて、瞬間移動や分身もできる怪獣。人気者で何度も登場しています。

▲ピグモン

人間に対して友好的な小型の怪獣。

▲ジャミラ

宇宙で宇宙飛行士が変化した姿。

▲ミクラス、英二、ウルトラセブン、ゴドラ星人

英二に続け！

コンピューターをつかったり撮影方法が変わったり、英二がつくっていた当時とちがうところもありますが、子どもたちに夢をとどけることは今も同じ。新しい怪獣やヒーローが生まれています。

◀ウルトラセブンの息子、ウルトラマンゼロ

年表

英二の人生と、生きた時代

英二の人生におきた出来事を見ていきましょう。
どんな時代、どんな社会を生きたのでしょうか。

時代	西暦	年齢	英二の出来事	世の中の出来事
明治	一九〇一		福島県岩瀬郡須賀川仲町に生まれる	
	一九〇四	三歳	母セイが死去し、父勇が家をはなれる	
	一九〇八	七歳	須賀川町立第一尋常高等小学校入学	
	一九一〇	九歳	徳川大尉が日本国内で初飛行 このニュースを聞き、飛行機にあこがれるようになる	
	一九一一	十歳	巡業の活動写真を初めて見て、映画にふれる	
	一九一六	十五歳	卒業後、上京して月島機械製作所に入社 一か月後に退社して日本飛行学校に入学	
	一九一七	十六歳	東京工科学校に入学 学費の補助とするため内海玩具製作所に嘱託で就職	ロシア革命がおこる

時代	年	年齢	できごと	世界のできごと
明治	一九一九	十八歳	枝正と知り合い、天然活動写真（天活）に入社 天活が国際活映（国活）に吸収される	ガンジーが非暴力不服従運動をする
	一九二一	二十歳	会津若松歩兵第六五連隊に入り通信班に所属する	
	一九二三	二十二歳	除隊して故郷にもどる 映画の仕事があきらめられず、ひそかに上京する	関東大震災がおこる
	一九二五	二十四歳	京都に住みはじめる 新感覚派映画連盟で『狂った一頁』の撮影を手伝う 新感覚派映画連盟が衣笠映画連盟となる	
昭和	一九二七	二十六歳	映画『稚児の剣法』をメインカメラマンとして初めて撮影する	
	一九二八	二十七歳	衣笠映画連盟が解散し、松竹京都下鴨撮影所に入る クレーンの事故で大怪我をする	
	一九三〇	二十九歳	荒木マサノと結婚する このころより英二と名乗りはじめる	
	一九三一	三十歳	長男・一が誕生 特殊効果でスモークをつかう	
	一九三二	三十二歳	松竹をやめて日活に入社	
	一九三三	三十二歳	アメリカ映画『キングコング』を観て衝撃をうける 長女・都が生まれる	

時代	西暦	年齢	英二の出来事	世の中の出来事
昭和	一九三四	三十三歳	日活をやめて、JOトーキーに入社	
	一九三五	三十四歳	次男・皐が誕生 長女・都が亡くなる	
	一九三六	三十五歳	『小唄磯 鳥追いお市』を初監督	
	一九三七	三十六歳	東宝に入社し特殊技能課をつくる	
	一九三九	三十八歳	陸軍の依頼で飛行兵教育用の映画を撮る	第二次世界大戦が始まる
	一九四二	四十一歳	『ハワイ・マレー沖海戦』で特殊技術を担当し評判になる	
	一九四四	四十三歳	三男・粲が誕生	
	一九四五	四十四歳	召集令状をうけとるが、すぐに終戦になる	
	一九四八	四十七歳	特殊映画研究所（円谷研究所）を設立	
	一九五〇	四十九歳	東宝撮影所内に円谷特殊技術研究所を設立	朝鮮戦争がおこる
	一九五三	五十二歳	戦後初の本格的な特撮映画『太平洋の鷲』	

昭和			
一九五四	五十三歳	日本初の特撮怪獣映画『ゴジラ』で特殊技術を担当	アメリカが水爆実験をおこなう
一九五五	五十四歳	『ゴジラ』で日本映画技術賞を受賞する	第一回原水爆禁止世界大会が開催
一九五六	五十五歳	最初のカラー特撮映画『白夫人の妖恋』 最初のカラー怪獣映画『ラドン』	日本が国際連合に加入する
一九五九	五十八歳	映画の日の特別功労者に選ばれる	
一九六一	六十歳	『モスラ』が世界中で公開される	世界初の有人宇宙飛行が行われる
一九六二	六十一歳	アメリカに行き、各映画会社をまわる	
一九六三	六十二歳	円谷特技プロダクションを設立	アメリカでケネディ大統領暗殺
一九六四	六十三歳	「ウルトラＱ」の製作が始まる	東京オリンピックが開催される
一九六六	六十五歳	一月に「ウルトラＱ」、七月に「ウルトラマン」のテレビ放送が始まり、怪獣ブームになる	
一九六七	六十六歳	「ウルトラセブン」のテレビ放送が始まる	
一九六八	六十七歳	円谷プロダクションに社名を変更する	
一九七〇	六十八歳	一月、心臓の発作で死去	

参考

記念碑を見に行こう

英二の生まれた福島県須賀川市の生家があったところには現在、記念碑が建っています。そのほか、円谷プロダクションや英二の自宅があった東京都の祖師ケ谷大蔵駅の前には、ウルトラマンの像が建っています。

記念碑

資料提供・協力

円谷粲

株式会社　円谷プロダクション

東宝株式会社

福島県須賀川市

参考資料

『特撮の神様と呼ばれた男』（鈴木和幸・アートン）

小説『円谷英二 ― 天に向かって翔たけ』上下　（鈴木聡司・新風社）

『夢は大空を駆けめぐる―恩師・円谷英二伝 』（うしおそうじ・角川書店）

『特撮円谷組～ゴジラと、東宝特撮にかけた青春～ 』（東宝ゴジラ会・洋泉社）

『円谷英二　日本映画界に残した遺産』（円谷一　編著・小学館）

『円谷英二の言葉 ― ゴジラとウルトラマンを作った男の173の金言』

（右田昌万・文藝春秋）

『怪獣な日々 ― わたしの円谷英二100年』（実相寺昭雄・筑摩書房）

『円谷英二と阪妻そして内田叶夢』（渡邉武男・西田書店）

作者

田口成光（たぐち　しげみつ）

長野県出身。日本大学芸術学部を卒業後、円谷プロダクション入社し、「ウルトラセブン」などの特撮班助監督、「帰ってきたウルトラマン」「第２期ウルトラシリーズ」などの企画や脚本を担当した。フリーランスとなってからもウルトラマンに関わりつつ、テレビアニメ「ニルスのふしぎなたび」や、テレビドラマ「あばれはっちゃく」シリーズなど、特撮物以外にも多岐にわたって子供向けのテレビ番組などを手がけている。

画家

黒須高嶺（くろす　たかね）

埼玉県出身。児童書、学習参考書などを中心に活躍。精密感と温かみを兼ね備えた画風が持ち味。おもな作品に『くりぃむパン』（濱野京子　作・くもん出版）『迷宮ケ丘 二丁目 百年オルガン』（日本児童文学者協会　編・偕成社）『豊田喜一郎』（山口理　文・あかね書房）『まど・みちお』（谷悦子　文・あかね書房）『ふたりのカミサウルス』（平田昌広　作・あかね書房）などがある。

企画・編集

野上　暁（のがみ　あきら）

日本ペンクラブ常務理事、JBBY 副会長、東京純心大学こども文化学科客員教授。

装丁　白水あかね

伝記を読もう　１４

円谷英二
怪獣やヒーローを生んだ映画監督

2018年４月　初　版
2024年12月　第６刷

作　者　田口成光
画　家　黒須高嶺

発行者　岡本光晴
発行所　株式会社 あかね書房
〒101-0065　東京都千代田区西神田 3-2-1
電話　03-3263-0641（営業）　03-3263-0644（編集）
https://www.akaneshobo.co.jp
印刷所　TOPPANクロレ 株式会社
製本所　株式会社 難波製本

NDC289　144p　22cm　ISBN 978-4-251-04614-7

伝記を読もう

人生っておもしろい！
さまざまな分野で活躍した人たちの、
生き方、夢、努力 …… 知ってる？

❶ **坂本龍馬**
世界を夢見た幕末のヒーロー

❷ **豊田喜一郎**
自動車づくりにかけた情熱

❸ **やなせたかし**
愛と勇気を子どもたちに

❹ **伊能忠敬**
歩いて作った初めての日本地図

❺ **田中正造**
日本初の公害問題に立ち向かう

❻ **植村直己**
極限に挑んだ冒険家

❼ **荻野吟子**
日本で初めての女性医師

❽ **まど・みちお**
みんなが歌った童謡の作者

❾ **葛飾北斎**
世界を驚かせた浮世絵師

❿ **いわさきちひろ**
子どもの幸せと平和を絵にこめて

⓫ **岡本太郎**
芸術という生き方

⓬ **松尾芭蕉**
俳句の世界をひらく

⓭ **石井桃子**
子どもたちに本を読む喜びを

⓮ **円谷英二**
怪獣やヒーローを生んだ映画監督

⓯ **平賀源内**
江戸の天才アイデアマン

⓰ **椋 鳩十**
生きるすばらしさを動物物語に

⓱ **ジョン万次郎**
海をわたった開国の風雲児

⓲ **南方熊楠**
森羅万象の探究者

⓳ **手塚治虫**
まんがとアニメでガラスの地球を救え

⓴ **渋沢栄一**
近代日本の経済を築いた情熱の人

㉑ **津田梅子**
日本の女性に教育で夢と自信を

㉒ **北里柴三郎**
伝染病とたたかった不屈の細菌学者

㉓ **前島 密**
郵便で日本の人びとをつなぐ

㉔ **かこさとし**
遊びと絵本で子どもの未来を

㉕ **阿波根昌鴻**
土地と命を守り沖縄から平和を

㉖ **福沢諭吉**
自由と平等を教えた思想家

㉗ **新美南吉**
愛と悲しみをえがいた童話作家

㉘ **中村 哲**
命の水で砂漠を緑にかえた医師

㉙ **牧野富太郎**
植物研究ひとすじに

㉚ **丸木 俊**
「原爆の図」を描き世界に戦争を伝える